DÉPARTEMENT D'EURE-ET-LOIR.

VILLE DE CHARTRES.

DEVIS GÉNÉRAL

DES OUVRAGES A EXÉCUTER

POUR

LE SERVICE DE LA VILLE DE CHARTRES,

SUIVI

des Tarif et Réglement de voirie.

CHARTRES.

GARNIER, IMPRIMEUR-LIBRAIRE,

Place des Halles, 16 et 17.

—

1853.

DEVIS GÉNÉRAL.

DÉPARTEMENT D'EURE-ET-LOIR.

VILLE DE CHARTRES.

DEVIS GÉNÉRAL

DES OUVRAGES A EXÉCUTER

POUR

LE SERVICE DE LA VILLE DE CHARTRES,

SUIVI

DES TARIF ET RÉGLEMENT DE VOIRIE.

CHARTRES.

GARNIER, IMPRIMEUR-LIBRAIRE,

Place des Halles, 16 et 17.

1853.

AVIS DE L'ÉDITEUR.

Le Devis général et le Bordereau de prix des travaux de la ville de Chartres, dressés en 1831, par l'Architecte-voyer alors en fonction, ont, successivement et à chaque période triennale, subi les modifications nécessitées par les variations de prix des matériaux et de la main-d'œuvre, et par les changements introduits dans la forme de certains ouvrages. Depuis cette époque, ils n'ont pas seulement servi de règle dans l'exécution des travaux de la ville de Chartres, mais ils ont été adoptés par les administrations de beaucoup d'autres communes et d'établissements de bienfaisance, ainsi que par un grand nombre de propriétaires, d'architectes et d'entrepreneurs.

Ces Devis et Bordereau étant restés simplement manuscrits jusqu'à ce jour, les personnes qui en avaient absolument besoin étaient obligées d'en faire faire des copies qui exigeaient un travail et une dépense considérables. Il n'était pas toujours facile d'avoir communication de l'unique exemplaire officiel, et il résultait un inconvénient de cette difficulté de se le procurer. Un autre inconvénient avait lieu, c'est que souvent les copies que l'on faisait faire étaient inexactes, ayant été prises sur des exemplaires non corrigés et sur lesquels n'avaient pas été portées les modifications triennales.

L'impression de ces documents devenait d'autant plus utile que des changements importants, qui viennent d'y être apportés, auraient obligé ceux qui en ont besoin de s'en procurer de nouvelles copies à grands frais et avec difficulté. Nous croyons donc rendre service au public en lui offrant à bon marché un ouvrage aussi utile.

Nous avons adopté un format commode et portatif, et nous avons ajouté au Bordereau des colonnes d'attente qui permettront d'y porter les nouveaux prix qui pourront être adoptés par la suite par la ville de Chartres.

Le Devis général et le Bordereau de prix peuvent aussi bien recevoir leur application dans les autres localités du département qu'à Chartres ; il s'agit simplement de tenir compte des différences légères des prix de matériaux et de main-d'œuvre qui peuvent exister entre Chartres et ces localités, pour un très-petit nombre d'ouvrages. Ils peuvent servir aussi aux propriétaires pour leurs fermes, en diminuant de 2 fr. le prix de la maçonnerie de caillou ou de moëllon calcaire, lorsque leurs fermiers sont chargés du transport des matériaux.

<table>
<tr><th rowspan="2">

TABLE.

———</th><th colspan="2">PAGES.</th></tr>
<tr><th>Devis et conditions.</th><th>Bordereau.</th></tr>
</table>

VILLE DE CHARTRES.

DEVIS GÉNÉRAL

DES OUVRAGES A EXÉCUTER

Pour le service de la ville de Chartres.

CHAPITRE PREMIER.

Modes d'exécution et de mesurage des ouvrages, qualité et indication des matériaux.

§ Ier. — TERRASSE.

Terrasse.

L'entrepreneur exécutera tous les terrassements de déblais ou remblais, suivant les tracés qui lui seront donnés par l'Architecte-Voyer de la ville; il fournira à ses frais les piquets, jalons, cordeaux et gabarits nécessaires pour faire ces tracés.

Les remblais seront régalés et fortement damés par couches n'excédant pas 25 centimètres d'épaisseur.

Le mesurage, lorsqu'il y aura à la fois déblai et remblai, se fera au déblai et non au remblai; aucun ouvrage ne sera commencé sans qu'au préalable les profils du terrain n'aient été contradictoirement relevés.

Le transport à la brouette est compté, sans autre division, par relais de trente mètres en plaine et vingt mètres en rampe, d'une inclinaison supérieure à quatre centimètres.

Le transport au tombereau est compté par cent mètres.

L'entrepreneur fournira et posera, à ses frais, tous bois nécessaires pour étrésillement de terre lorsque cela sera nécessaire, sans addition, au prix de la terrasse.

§ II. — FOURNITURE DE CAILLOUX.

Cailloux.

Le caillou de murger ou de carrière, pour l'approvisionnement des chemins de la commune, sera purgé de terre et parfaitement net de toute matière argileuse et étrangère; il sera cassé de manière à passer, en un sens seulement, soit à travers un anneau circulaire de cinq centimètres de diamètre, soit à travers un anneau circulaire de six, selon la demande de l'un ou l'autre calibre qui sera fait.

Les tas qui contiendraient plus d'un trentième de fragments ne pouvant passer au calibre indiqué seraient recassés aux frais de l'entrepreneur ou subiraient une réduction proportionnée à la mal-façon , réduction arbitrée par l'Architecte qui aura le droit de l'appliquer ou de faire recasser. Ce caillou sera déposé dans les emplacements préalablement désignés par l'Architecte-Voyer ; il sera encaissé après cassage , par tas d'un mètre cube moulés à la caisse, sauf aux dépôts autorisés où il sera emmétré par masses régulières. Il ne sera accordé aucun supplément de prix pour le double chargement et le double transport que nécessiterait le dépôt provisoire du caillou dans les gares que la ville indiquerait à l'entrepreneur, et à la reprise aux dites gares pour n'être approvisionné sur place qu'au moment de son emploi. Les prix portés au bordereau sont indistinctement communs à tous les chemins, rues et places de la commune.

Chaque année, l'état d'indication déterminera les quantités de sable de chaque espèce et de caillou à fournir, et les délais dans lesquels devront être effectuées ces fournitures.

§ III. — FOURNITURE DE SABLE.

Sable.

Le sable pour l'entretien des promenades sera de pure ravine, provenant des ravins ou lavé en rivière ; dans tous les cas, passé à la claie de manière à en faire disparaître les gros graviers.

Le sable de mine sera de premier choix, le plus maigre possible , purgé de toutes parties terreuses et argileuses, ainsi que de tous cailloux ; il proviendra des meilleures veines des sablières de Saint-Prest, Saint-Georges, Maintenon, Épernon et Gallardon , de la Banlieue et de Ver. A l'exclusion de tous autres, ceux de Saint-Prest, Maintenon, Épernon , Gallardon et Ver, seront seuls admis pour le pavage. Pour la maçonnerie, on admettra indistinctement l'un ou l'autre, pourvu qu'ils soient de la qualité ci-dessus prescrite. Le sable sera livré au mètre cube et emmétré à la caisse aux frais de l'entrepreneur.

§ 4. — PAVAGES.

Pavés de grès.

1° Échantillon.

Les pavés de grès seront de trois sortes, dites : pavé d'échantillon, pavé bâtard et pavé de trottoirs, suivant la dimension et le smillage.

Les pavés d'échantillon seront bien cubiques, et auront vingt-deux à vingt-trois centimètres de tous sens ; la tête sera bien plane, encadrée d'arêtes vives , les joints aussi dressés, plans et d'équerre sans démaigrissement.

Ils seront mesurés, tant pour la dimension que pour le redressement des arrêtes et des joints, au moyen d'une équerre en fer.

La tolérance des aspérités ou flaches n'excédera pas ensemble cinq millimètres pour la tête, un centimètre pour les joints et deux centimètres pour la queue.

Les bordures de chaussées auront même largeur , épaisseur et conditions de smillage que les pavés cubiques, avec une longueur d'un pavé et demi , soit trente-cinq centimètres.

Les bordures de trottoir présenteront les dimensions et formes demandées par l'état d'indication.

Seront comptés : les pavés d'échantillon au mille, les bordures de chaussées comme un pavé et demi, les bordures de trottoirs suivant le nombre des pavés représentés par leur cube. La main-d'œuvre des bordures sera payée comme les pavages dont elles font partie.

2° Bâtards.

Les pavés, dits bâtards, porteront de dix-sept à vingt centimètres de tête, sur, au moins, quinze centimètres d'épaisseur, avec les conditions de smillage semblables à celles déterminées ci-dessus pour l'échantillon.

Ils seront, au choix de l'Architecte, comptés au mille ou ou mètre superficiel.

3° Trottoirs.

Les pavés de trottoirs auront, moyennement quinze centimètres de côté à la tête, avec tolérance d'un centimètre en plus ou en moins, sur au moins douze centimètres d'épaisseur.

La tête sera parfaitement plane et les arêtes vives, sans aspérités, ni flaches de plus de cinq millimètres, ensemble mesurés à l'équerre.

Ils seront, au choix de l'Architecte, comptés au mille ou au mètre superficiel.

Qualité.

Les grès seront pris dans les bancs les plus homogènes et les plus durs des carrières voisines d'Épernon, de Droue. Les grès tendres et défectueux, approvisionnés pour le service de la ville, seront immédiatement enlevés des lieux de dépôt sur l'ordre de l'Architecte, et à défaut d'exécution dudit ordre dans les vingt-quatre heures, pourront être brisés comme n'étant propres à aucun usage.

Livraison.

Les pavés à fournir annuellement seront demandés par des états d'indication généraux ou partiels et devront être entièrement approvisionnés dans le mois qui suivra la remise des dits états.

Réception des Pavés.

Tous les pavés et bordures seront vérifiés et reçus avant leur emploi; ceux présentant des défauts de forme seront rebutés; les rebuts recevront une marque apparente sur les trois faces de l'un des angles; les pavés acceptés recevront aussi une marque à l'huile sur la tête, le tout à la diligence de l'Architecte et aux frais de l'entrepreneur.

Sont compris, aux prix des fournitures du bordereau, la mise aux dépôts de la ville et la reprise pour être amenés à pied-d'œuvre, de tous les pavés et bordures.

Pavages neufs ou relevés-à-bout.

Mode d'exécution.

Pour la préparation, le remaniement et le redressement de la forme destinée aux pavages neufs ou relevés-à-bouts, d'échantillon ou bâtards, l'entrepreneur se conformera aux instructions et profils qui lui seront donnés. L'Architecte déterminera, dans chaque cas, l'épaisseur de la forme et la quantité de sable neuf à fournir pour la compléter.

Les pavés démolis seront soigneusement rafraîchis et dressés, en ménageant le plus possible leurs dimensions; des instructions particulières régleront leur réemploi ou détermineront leur mise au rebut. Les pavés neufs ou vieux seront posés par pièces distinctes et par rangées transversales d'équerre à l'axe dans les rues, ou par rangées spéciales sur les places et carrefours, dans tous les cas, en liaison, plein sur joint, bien serrés de bout et de rive, tassés au marteau et garnis de sable, chaque rangée de vieux pavés se composant de pavés de même largeur. Les joints n'excéderont pas quinze millimètres; le bombement sera réglé à la cerce, suivant les indications de l'Architecte. Après la pose, le pavage sera dressé avec une hie du poids de vingt-cinq à trente kilogrammes jusqu'à refus de tout tassement; puis les joints fortement garnis et bourrés de sable au bourroir.

Tous les pavés venant à se briser sous la hie seront immédiatement remplacés, les neufs aux frais de l'entrepreneur.

Après dressage et vérification, il sera répandu sur la chaussée une couche de sable de l'épaisseur déterminée par l'Architecte.

Seront comptés comme relevés-à-bout tous pavages ou portions de pavages d'une superficie supérieure à cinq mètres.

Repiquages. La main-d'œuvre des repiquages et relevés de flaches en recherche, si elle n'est réservée par l'Architecte en régie, sera payée au mètre superficiel de surfaces réellement relevées, sans y comprendre les pavés de pourtour qui seront toutefois soufflés et regarnis de sable.

Les flaches à relever seront marquées par l'agent surveillant, en présence de l'entrepreneur ou de son chef-d'atelier. Il ne sera tenu compte que de la surface renfermée dans les traces des marques.

Il est expressément défendu de couper ou d'amaigrir le pavé neuf, les raccords seront toujours pris sur le pavé vieux.

Sur les chaussées de grès d'échantillon, à défaut de mètre superficiel exact, dix-huit pavés arrachés seront comptés pour un mètre superficiel, et vingt pavés pour toute autre espèce de pavage.

Pavages en mortier. Les pavages d'échantillon ou de trottoir qu'il serait jugé convenable d'établir sur forme de mortier, seront soigneusement et solidement exécutés avec cette matière au prix du bordereau.

Il en sera de même des bordures.

L'Architecte déterminera, dans son état d'indication ou ordre de service, le mode d'emploi et notamment la disposition des rangées sur les trottoirs, caniveaux, cassis et autres.

Retaille.
Pavés de ladère.
Réemploi. Le pavé de démolition de ladère sera retaillé sur trois échantillons, savoir: vingt sur seize centimètres, quinze sur douze, dix sur dix.

Les conditions d'emploi indiquées au grès sont applicables au pavé de ladère retaillé et relevé.

Pavés de blocage. Les repiquages en recherche des pavés de blocage seront faits par voie de régie.

Démontage de vieilles chaussées. Toutes les fois qu'une vieille chaussée de pavage, blocage ou cailloutis est immédiatement remplacée par un pavage, les frais de ce démontage, comme aussi l'enlèvement des pavés et de leur transport au dépôt, sont compris dans ceux accessoires de la main-d'œuvre de pavage.

S'il y a lieu de démonter une chaussée de pavage pour la remplacer par une chaussée de cailloutis, le démontage se paie distinctement au prix du bordereau, transport et rangement des matériaux, sable et pavé à en provenir compris.

Bitume. Le bitume proviendra des meilleures fabriques, il ne sera ni fondant, ni cassant. Il sera employé pour dallage de trottoirs, terrasses, chapes, etc., sur beton ou sur toute autre forme et suivant les épaisseurs indiquées par l'Architecte.

Sable. Les prix du bordereau pour toutes espèces de pavages ne comprennent pas le prix de la fourniture du sable qui sera employé à ces pavages, mais seulement celui de son transport des dépôts de la ville à l'atelier. Le transport du sable qui sera pris à la carrière du Bourg-Neuf, au lieu d'être pris aux dépôts du pourtour de la ville, sera payé en sus du pavage.

Cependant, lorsque le sable de la ville sera insuffisant, l'entrepreneur fournira, au prix du bordereau, du sable de St-Prest, de Maintenon, d'Épernon, de Gallardon ou de Ver, mais ce sable sera compté en dehors du prix du pavage.

Enlèvement des gravois. Moyennant les prix de main-d'œuvre du bordereau, l'entrepreneur est obligé, indépendamment de l'arrachis des vieux pavés et de la préparation de la forme, à l'enlèvement et au transport, soit aux vidanges publiques, de tous éclats, recoupes, débris, terres, décombres et rebuts, soit aux dépôts de la ville, de tous vieux pavés jugés susceptibles de faire encore un service quelconque. Un état d'indication délivré chaque année à l'entrepreneur dans le cours du mois de février, fixèra la quantité des diverses espèces de pavés dont il devra s'approvisionner. L'entrepreneur exécutera toujours le pavage avec un atelier composé d'un chef, de quatre marteaux, d'un dresseur, d'un arracheur et des garçons nécessaires, et il fera les travaux sans autres interruptions que celles que pourrait occasionner un temps pluvieux. En conséquence, il ne pourra, sans y être autorisé, suspendre ses travaux.

Réception définitive. — Les pavages neufs ou relevés-à-bout faits dans le cours d'une année, ne seront reçus définitivement que dans le mois de juin de l'année qui suivra leur confection.

L'entrepreneur les entretiendra constamment en bon état jusqu'à cette époque et il remplacera les pavés cassés ou défectueux, le tout à ses frais ; cet entretien s'appliquera à tous pavages neufs, de quelque superficie qu'ils soient, et à tous les relevés-à-bout de vingt mètres carrés et au-dessus.

Régie. — La ville se réserve le droit de faire exécuter les petits travaux de recherche par ses ouvriers cantonniers.

<h3 style="text-align:center">§ V. — MAÇONNERIE.</h3>

Pierre de taille. — La pierre de taille sera de la meilleure qualité, des carrières et espèces indiquées et sans aucuns défauts tenant à leur nature.

Celle dite Calcaire dur, de Berchères, Concret, Prasville et lieux analogues, ne comportera pas de cavités naturelles de plus de trois centimètres sur les parements vus, ni de plus d'un centimètre sur les arêtes apparentes ; elle ne contiendra aucune de ces parties gélives dites Pierres aux œufs.

Celle dite Roche dure de Paris, St-Nom, Mantes, Saillancourt, etc., sera débarrassée de toutes parties tendres et gélives.

Celle dite Vergelet sera choisie de manière à résister à l'effet de la gelée.

Celle de Vernon fait partie de cette dernière catégorie, mais en raison de sa nature, ne sera pas fournie indistinctement.

Il en sera de même des pierres tendres ou Tufau du pays, dite de Montigny ou autres.

L'entrepreneur se conformera à l'état d'indication déterminant la nature de ces pierres.

En général, toute pierre gélive est évitée, et toute pierre gelée dans l'année de son emploi sera remplacée par l'entrepreneur et à ses frais.

Indépendamment des bordures de chaussée smillées comme les pavés d'échantillon, il pourra être fourni des bordures de trottoir en pierre de taille de grès ; cette pierre sera blanche, homogène, dure et des dimensions prescrites. On la taillera soit à la grosse pointe, soit à la fine pointe, suivant le prix.

Les bordures de trottoir en pierre de taille de Berchères ou grès n'auront pas moins de quatre-vingts centimètres de longueur.

Taille de la pierre et maçonnerie.
Pierre de taille. — La pierre sera taillée avec soin et sans défaut de pierre, par assises régulières, ou suivant les coupes et formes d'appareil entre ciselures et arêtes vives aux parements vus ; les lits et joints tournés et dressés d'équerre ou en coupe sans démaigrissement sur les trois quarts au moins de la longueur de la

queue ; la taille des parements sera faite suivant la nature de l'ouvrage, à la pointe fine, la laye ou la boucharde.

La pierre tendre sera simplement épanelée, puis, après la pose, taillée sur le tas.

La pierre de toute nature sera posée avec soin sur côté, coulée ou fichée avec mortier fin, hydraulique, ou plâtre, sans écornures ni épaufrures.

Après la pose, elle sera ragréée et dressée sur le tas, s'il y a lieu, puis jointoyée à arêtes vives et bien détachées, sauf tolérance de mortier ou plâtre employé à en remplir les cavités, ou cacher les défauts.

Le prix du ragrément est compris dans celui de la taille, et le prix de jointoiement de maçonnerie neuve dans celui de la pose.

Pour les bordures de trottoir en calcaire ou en grès, il pourra, concurremment avec la taille ordinaire, être admis un rustiquage ou repiquage fait à la grosse pointe entre arêtes bien détachées, lequel tiendra le milieu entre un ébauchage et une taille fine.

Sur moëllon calcaire ou meulière dit de demi-appareil, le piquage sera fait entre ciselures et arêtes vives à la grosse pointe.

Ébauchage. Lorsqu'il sera fait emploi de vieilles pierres et qu'il se trouvera plus d'un décimètre de pierre à bûcher sur un sens quelconque du morceau, l'ébauchage sera payé distinctement et au mètre cube.

Fente. Indépendamment de cet ébauchage, lorsque des morceaux de vieille pierre dure auront besoin d'être fendus en plusieurs quartiers, cette fente sera payée distinctement et au mètre cube.

Évidements. Les pierres évidées pour harpes et analogues seront comptées pleines aux prix de la série de la maçonnerie posée et sans qu'il soit tenu compte à l'entrepreneur d'un supplément de taille.

Lorsque les évidements pourront être faits à la scie, les morceaux qui en proviendront seront la propriété de la ville, si mieux n'aime l'entrepreneur les garder pour son compte ; dans ce cas ils lui seraient comptés en déduction pour leur valeur réelle avec réduction de vingt pour cent sur les prix de la série.

Refouillements. Les pierres refouillées seront comptées pleines ; il sera tenu compte d'un supplément de taille, suivant les prix de la série, à raison du mètre cube de refouillement.

Sont réputés refouillements les auges, bassins, consoles, modillons et ouvrages analogues autres que trous de scellements, feuillures, moulures courantes d'entablements, frises, bandeaux, etc.

Mesurage. Tous les ouvrages en pierre de taille seront mesurés au mètre cube pour leur volume réel en œuvre, tous vides déduits, à l'exception des évidements et refouillements.

La taille des parements vus et des profils, suivant développement des moulures, sera comptée pour sa superficie réelle, tous vides déduits. Son prix comprend la taille des lits et joints qui ne se mesure pas. Les trous seront comptés à la pièce et les feuillures au mètre courant.

Briques et Carreaux. La brique et le carreau proviendront des meilleures fabriques du pays. La brique sera bien rabattue. Le carreau bien rabattu et bien calibré, et tous deux bien cuits. La brique galère et celle gélive sont proscrites.

Chaux. La chaux sera bien cuite et non éventée, elle sera parfaitement éteinte et sans durillons ou incuits. La chaux hydraulique sera naturelle ou artificielle ; dans tous les cas, elle devra faire prise sous l'eau dans les dix jours de son immersion. Toute chaux qui ne remplira pas cette condition sera considérée et payée comme chaux grasse et refusée s'il y a lieu.

Plâtre. Le plâtre sera toujours employé pur, non éventé et bien broyé.

Sable. Le sable proviendra des meilleures sablières de Saint-Prest, de Maintenon, de la Banlieue et de Ver, et il aura les qualités ci-dessus prescrites.

Ciment. Le ciment sera pur, sec et réduit en poudre très-fine; il proviendra de briques et tuiles pulvérisées.

Mortiers. Les mortiers de sable seront composés d'une partie de chaux éteinte et de deux parties de sable, et les mortiers de ciment de deux parties de chaux éteinte et de trois parties de ciment. Ils seront intimement corroyés au broyeur, au sabot ou au rabot de fer, avec la quantité d'eau strictement nécessaire pour opérer le mélange intime des matières. L'entrepreneur sera tenu d'abriter le gâchoir et le dépôt de sable. Le mortier fait de la veille ou lavé par la pluie sera rebuté et l'entrepreneur sera tenu de l'enlever.

Latte et Charnier. La latte et le charnier seront droits et de cœur de chêne. La latte n'aura pas moins de huit millimètres d'épaisseur et le charnier pas moins de vingt-trois millimètres de côté. La latte et le charnier d'aubier sont proscrits.

Maçonnerie de brique. La maçonnerie de brique sera faite avec des briques de l'échantillon qui sera prescrit à l'entrepreneur. Chaque brique sera trempée dans l'eau préalablement à sa pose. Les briques seront posées à petits joints et en bonne liaison. Toute maçonnerie de brique, au-delà de onze centimètres d'épaisseur, sera mesurée et payée au mètre cube et celle de onze centimètres et au-dessous au mètre carré.

Maçonnerie de caillou. Les maçonneries de caillou ou de moëllon de toutes espèces seront faites à bain de mortier. Le caillou et le moëllon seront posés sur leurs faces les plus gisantes et présenteront un parement convenable; ils seront posés en bonne liaison dans tous les sens. Les maçonneries en fondation seront parementées comme celles en élévation et menées de même au cordeau.

Il est expressément interdit de bloquer leurs parements contre les terres.

Lorsqu'il sera construit des voûtes de cette maçonnerie, leurs voussoirs auront au moins en longueur les deux tiers de l'épaisseur de la voûte et seront fortement affermis au maillet. Quand une maçonnerie ne pourra être achevée avant l'hiver, l'entrepreneur la fera couvrir, à ses frais, d'une forte couche de paille chargée de terre. Il démolira et remplacera, à ses frais, toutes les parties de cette maçonnerie qui auront souffert de la gelée.

Mesurage. Les maçonneries de brique ou de moëllon seront mesurées au mètre cube pour leur volume réel, tous vides déduits; le remplissage des reins de voûte ne sera pas compté comme voûte.

Beton. Le beton sera de trois sortes.

1° Pour fondation ordinaire sous l'eau :

Il se composera d'une partie de mortier hydraulique et de deux parties de fragments de pierres cassées au calibre de cinq centimètres. Il sera coulé avec soin sans délaver le mortier.

2° Pour fondation hors de l'eau :

Il sera maigre, c'est-à-dire composé soit de quatre, soit de trois parties de bon sable graveleux et d'une partie de chaux hydraulique, fortement tassé et comprimé dans la fouille.

3° Pour chapes, terrasses et autres revêtements :

Il sera fait en parties égales de mortier hydraulique, de ciment pur et de mêmes fragments, cassés à trois et quatre centimètres. Il sera frotté et lissé sur place jusqu'à siccité et sans laisser aucune gerçure ni fissure.

Le beton sera payé au mètre cube, après l'emploi mesuré en place.

Ciment romain. Le ciment romain proviendra des meilleures fabriques, il sera pur et non éventé.

Il sera préparé de deux manières :

1° Pur, dans un volume d'eau limpide égal au volume de ciment, à l'augette, par petites gâchées, simultanément mêlé à l'eau remuée vivement à la truelle, jusqu'à parfaite combinaison, puis employé avant le commencement de sa solidification.

2° Avec du sable lavé. Le mélange se fera d'abord à sec, puis l'opération s'achèvera comme pour le ciment pur.

Bauge. La maçonnerie de bauge sera faite avec soin, montée avec le fruit indiqué et bien dressée. La terre sera bien détrempée, mêlée de foin ou chaume et bien massée.

Mesurage. Cette maçonnerie sera mesurée au mètre cube pour son volume réel, tous vides déduits.

Enduits en terre. Les enduits en terre seront dosés d'un cinquième de chaux éteinte et coupés de foin.

Couvertures en paille et en chaume. Les couvertures en paille et en chaume seront faites très-solidement, attachées avec des liens solides et même avec des harts en chêne pour les endroits où l'Architecte le jugera convenable ; elles seront mesurées pour leurs contenances réelles et sans usages.

Jointoiements, crépis, enduits, cueillies, solins et bossages. Les jointoiements, crépis et enduits, les bossages, solins et cueillies en sable ou ciment, sur neuf ou sur vieux, seront faits avec beaucoup de soin et à la règle. Ils seront mesurés pour leurs contenances exactes, sans usages. Préalablement à l'exécution des jointoiements et crépis, les joints des maçonneries sur lesquelles ils seront appliqués, auront été dégradés jusqu'au vif et mouillés ; les mortiers qui les composeront seront fortement serrés dans ces joints, les enduits frottés le seront à plusieurs reprises et fortement jusqu'à parfaite siccité, de manière à ce qu'il ne s'aperçoive aucune gerçure.

Plâtre. Tous les ouvrages en plâtre seront très-soignés, les profils fournis pour moulures et refends quelconques, seront exactement suivis et les enduits et plafonds seront dressés à la perfection.

Tous les ouvrages en plâtre seront payés au mètre carré et se résoudront en enduits de différentes épaisseurs, comme il est établi au bordereau, même les profils, lesquels seront payés à la surface exacte suivant le développement des moulures.

Il est accordé une plus-value : 1° de cinq millimètres à l'épaisseur prise sur le lattis ou sur le parement du mur, pour tenir compte de la pénétration ;

2° D'un dixième de la surface réelle, pour le plâtre employé en moulures ;

3° D'un dixième de la surface réelle, pour chaque angle ou ressaut de profil.

Lattage. Les lattages pour plafonds seront faits avec jour de quatorze millimètres entre lattes, pour les plafonds ordinaires, et de onze centimètres pour ceux à augets. Les lattes seront attachées avec un clou d'épingle de vingt-sept millimètres sur chaque solive. Ceux pour pans de bois seront espacés, tant plein que vide, et cloués comme ceux des plafonds. Ces lattages seront faits à joints chevauchés, c'est-à-dire liaisonnés ; ils seront mesurés au mètre carré et comptés pour leur superficie réelle, tous vides déduits.

Scellements en mortier et plâtre. Les scellements seront faits avec soin et comptés à la pièce pour scellement de bois en bout et de fers quelconques, et au mètre courant pour dormants de portes et croisées.

Aire de planchers. Les aires de planchers seront mesurés au mètre carré, tous vides déduits.

Tuyaux de terre. Les tuyaux de terre cuite pour conduits d'eau ou de fosses d'aisances seront jointoyés en bon mortier de ciment et payés au mètre courant.

Carrelage en terre cuite. Les carrelages neufs ou vieux seront faits sur une forte couche de mortier de ciment fin et seront payés au mètre carré, tous vides déduits. Les carreaux posés en recherche seront payés à la pièce.

Démolitions. Les démolitions de maçonneries de pierre de taille, de briques et de moëllon seront mesurées au mètre cube, tous vides déduits. Celles des maçonneries de planchers, de pans de bois et de cloisons en briques sur champ, de couvertures en paille ou en chaume, seront payées au mètre carré, aussi tous vides déduits ; celles de couvertures en chaume de murs de clôture, seront payées au mètre courant, enfin celles du fer et du plomb seront payées au poids. Les matériaux seront soigneusement dégagés de tous mortiers, classés par espèces et emmagasinés à portée de l'atelier, dans les endroits indiqués à l'entrepreneur. Le prix fixé au bordereau pour ces démolitions comprend celui de l'enlèvement de gravois et décombres jugés impropres à faire un service quelconque et leur transport aux vidanges publiques.

Les journées des maçons et de leurs manœuvres seront réglées à l'heure, comme celles des terrassiers et autres ouvriers.

La ville se réserve le droit de faire exécuter les démolitions par les ouvriers des ateliers de charité, si elle le juge convenable.

§ VI. — MARBRERIE, CARRELAGE EN PIERRE.

Marbre et Dallage.

Marbres. Les marbres seront de bonne nature et de bon choix, sans fils ni terrasses ou moyes ; ils seront mesurés sans usages, pour leur contenance réelle, au mètre cube ou carré, suivant la nature de l'ouvrage. Tous marbres excédant huit centimètres d'épaisseur seront payés au mètre cube.

Les sciages, les tailles et les polissages seront payés au mètre carré.

Les trous et les évidements seront payés à la pièce.

Carrelage et dallage en pierre. La pierre pour carrelage et dallage sera de liais fin, d'excellente nature, sans fils ni défauts quelconques. Ces ouvrages seront mesurés au mètre carré, tous vides déduits.

Lettres et filets gravés. Les lettres et filets gravés sur marbre et sur pierre seront exécutés avec beaucoup de soin et comptés en mesures linéaires.

§ 7. — CHARPENTE.

Bois neufs. Chêne et sapin. La charpente sera de deux sortes, en chêne, en sapin. Tous les bois neufs seront d'excellente nature, sans nœuds vicieux, roulures, givelures et malandres. Le sapin sera du nord.

Chêne. Classification. Le chêne sera divisé en cinq catégories, ainsi qu'il suit :

Premièrement. *De qualité :* droit, à vive arête et absolument sans aubier, lavé à la scie ou équarri.

Il comprendra :

1° Les pièces de trente-cinq centimètres d'équarrissage et au-dessus et d'au moins douze mètres de longueur.

2° Les pièces d'un équarrissage inférieur à trente-cinq centimètres, mais d'au moins douze mètres de longueur.

Deuxièmement. *Marchand :* n'ayant pas plus d'un vingtième de diminution d'équarrissage du petit bout sur le gros, ni plus d'un sixième de flache ou d'aubier à la fois sur le côté le plus petit.

Il comprendra :

1° Les pièces de trente-cinq centimètres d'équarrissage et au-dessus, mais n'ayant pas moins de sept mètres de longueur.

2° Les pièces au-dessous de trente-cinq centimètres d'équarrissage et de toutes longueurs.

Troisièmement. *En grume :* écorcé, droit, employés pour pilotis et ouvrages analogues.

Quatrièmement. *A loyer :* en bois ordinaire pour étaiements, étrésillonnements, cintres et ouvrages analogues, mais exécutés en dehors du travail auquel il s'applique.

Cinquièmement. *Pour chevrons :* méplats, à vive arête, sans flache ni aubier.

Les chevrons seront de deux dimensions ;

1° De sept à neuf centimètres.

2° De huit à dix centimètres.

Mesurage. Tous les bois, à l'exception des chevrons, qui seront mesurés au mètre linéaire, seront mesurés au stère (mètre cube), joints et tenons compris ; l'équarrissage se mesurera au milieu de la longueur de la pièce, aucune tolérance de ce genre n'est accordée pour les bois à vive arête ; le cube du bois en grume sera calculé sur le cinquième de la circonférence prise au milieu de la pièce.

Les bois courbes, débillardés ou élégis pour escaliers ou autres ouvrages, seront comptés pour ce qu'ils sont avant leur mise en œuvre.

Les prix portés au bordereau pour bois neufs ou remaniés comprennent tous assemblages, embreuvements, coupements, entailles, feuillures, sciage, élégissements, débillardements et chevilles. Les feuillures, coupements, entailles, mortaises, trous et chevilles comptés à la pièce, ne s'appliqueront qu'à des vieux bois non travaillés.

Toutes les fois que les étais, échafaudages, étrésillonnements font partie du travail, ils ne sont pas payés.

Démolition. La démolition de la charpente sera comptée au stère, les bois seront déchevillés avec précaution, descendus à la chèvre, transportés et emmagasinés aux dépôts de la ville.

§ VIII. — COUVERTURE.

Qualité des matériaux. L'ardoise neuve sera d'Angers, de l'espèce dite *grande carrée,* forte, de première qualité.

La tuile neuve sera des meilleures fabriques du pays, bien rebattue et bien cuite. La tuile galère est proscrite.

La volige sera de peuplier ou de tremble, débitée depuis au moins un an ; elle devra avoir au moins douze millimètres d'épaisseur et dix centimètres de largeur et sera attachée sur chaque chevron avec deux clous d'épingle de trente-quatre millimètres.

La latte sera de cœur de chêne et de la qualité prescrite au paragraphe de la maçonnerie, elle sera fixée par un clou d'épingle de vingt-sept millimètres sur chaque chevron. La latte blanche ou d'aubier est proscrite.

Les solins, ruellées, crêtes, embarrures quelconques seront faits en excellent mortier de ciment et de chaux hydraulique.

Pureau. L'ardoise neuve portera un décimètre de pureau, la vieille ardoise portera en pureau le tiers de sa longueur. La tuile vieille ou neuve portera huit centimètres de pureau. Les rangées de tuile et d'ardoise seront très-droites.

Mesurage. Les couvertures neuves ou remaniées-à-bout, en ardoise ou en tuile, seront mesurées au mètre carré, tous vides déduits, sans usages entre les ruellées, solins ou arêtiers, sur le sens de la longueur et du bord des égouts, au pied des enfaîtaux ou filets sur le sens de la hauteur; les arêtiers, faîtages, noues, égouts, battelements, tranchis, ruellées, filets et solins seront comptés au mètre courant. Les tuiles ou ardoises en recherche seront payées à la pièce, y compris l'émoussage de la couverture. Les vues de faîtières seront payées à la pièce.

Démolition. Les démolitions de l'une et de l'autre espèce de couverture seront comptées au mètre carré, y compris classement et emmagasinement des matériaux.

§ IX. — PLOMBERIE, FERBLANTERIE ET FONTAINERIE.

Plombs neufs. Les plombs neufs de toutes espèces seront de la meilleure qualité, doux et bien épurés, coulés ou laminés d'égale épaisseur, sans crevasses ni soufflures.

Les vieux plombs qui exigeront une refonte, seront refondus au kilogramme et il sera passé à l'entrepreneur quatre pour cent de déchet, indépendamment du prix fixé au tarif, lequel prix, toutefois, ne s'appliquera qu'au plomb obtenu de la refonte, déduction faite du déchet. Préalablement à la refonte, les vieux plombs seront dégraissés des soudures, qui appartiendront à la ville. Ce travail sera fait à la journée sous les yeux d'un préposé de la ville.

L'entrepreneur sera tenu de prendre en déduction du prix de ses ouvrages, tous les vieux plombs et soudures que la ville jugera à propos de lui céder, savoir : le plomb moyennant quarante centimes le kilogramme, et la soudure moyennant quatre-vingt-dix centimes; ces prix seront fixés, quel que soit le rabais de l'adjudication, par lequel ils ne seront pas modifiés.

Poids du plomb et de la soudure. Tous les plombs et soudures, neufs ou vieux, seront scrupuleusement pesés contradictoirement préalablement à leur pose ou à leur emmagasinement, le charbon sera toujours compris dans le prix du plomb et de la soudure employés.

Fer-blanc et Zinc. Le fer-blanc sera double, de la meilleure qualité possible et bien soudé; il sera compté au poids, pose et soudure comprises; il en sera de même du zinc, qui sera aussi de la meilleure qualité.

Fontainerie et Pompes. Tous les ouvrages de fontainerie et de pomperie, autres que ceux détaillés au bordereau et comptés au poids ou à la pièce, seront exécutés en régie et notamment ce qui a rapport aux lieux à l'anglaise, et il sera accordé à l'entrepreneur cinq pour cent pour ses soins et avances.

§ X. — MENUISERIE.

Qualité et siccité des bois. Tous les bois employés en menuiserie seront de bonne nature et de la plus belle qualité possible, sains, sans nœuds vicieux, aubier ou fente, bien secs et débités, savoir: Le chêne, depuis au moins quatre ans, le sapin, trois ans et tous les autres bois blancs deux ans.

Moulures, Cadres. Tous les profils donnés ou indiqués à l'entrepreneur par l'Architecte, pour corniches, moulures et cadres quelconques seront ponctuellement et parfaitement exécutés.

Lorsque les portes et contrevents auront plus de trois barres, emboîtures ou clefs, celles excédant le nombre de trois seront payées à part comme bâtis; les persiennes n'excédant pas deux mètres de hauteur n'auront qu'une traverse intermédiaire; celles de deux à trois mètres en auront deux, et au-delà de trois mètres, elles en auront trois.

La menuiserie pour tiroirs, caisses et ouvrages semblables, à queue d'héronde, sera comptée comme celle des portes pleines.

Le prix des retailles de menuiserie comprend celui des rebouchements et de la repose; toutes les parties neuves fournies dans la vieille menuiserie seront déduites et comptées séparément.

Mesurage. Tous les ouvrages de menuiserie seront traités avec le plus grand soin et dans la perfection de l'art. Ils seront comptés au mètre carré, au mètre cube, au mètre courant ou à la pièce, suivant leur nature et ainsi que cela est prévu au bordereau; mais sans aucun usage ni développement d'épaisseur de bois, un prix spécial étant appliqué à chaque espèce d'ouvrage, quelle que soit son épaisseur. La pose, et le clou nécessaire pour la faire, sont compris dans ces prix. Les pattes et les broches seules seront payées à part et au paragraphe de la serrurerie.

Les ouvrages cintrés en élévation seront payés comme carrés avec un sixième en sus, ceux cintrés en plan seront comptés, savoir: ceux plein cintre, pour trois fois leur superficie réelle; ceux dont la flèche sera le tiers de la corde, pour deux fois un tiers leur superficie réelle, ceux à flèche d'un quart, pour deux fois leur superficie; ceux à flèche d'un sixième, une fois trois quarts leur superficie, et enfin ceux à flèche d'un douzième, pour une fois et demi. Les corniches massives composées de plusieurs pièces superposées et collées, seront payées au prix propre à chaque pièce. Les plinthes excédant dix-sept centimètres de hauteur seront payées comme portes pleines.

L'entrepreneur sera tenu de donner sans addition de prix le jeu nécessaire à toutes portes, croisées et persiennes neuves ou retaillées, pendant un an. Le jeu donné à ces objets, mais vieux et non retaillés, sera payé à l'heure.

§ XI. — TREILLAGE.

Les treillages d'espaliers et autres semblables, soit bruts, soit travaillés, seront faits en latte de cœur de chêne, pareille à celle décrite au paragraphe de la maçonnerie et seront comptés au mètre carré, tous vides déduits.

§ XII. — SERRURERIE.

Qualité du fer. Tous les fers seront de bonne nature, doux, liants et non cassants, de Berry ou de Roche; ceux au poids seront pesés contradictoirement, comme il a été dit pour le plomb.

Pose des fers, vis et clous de façon et à vis. Tous les fers posés sur la menuiserie, comme pivots, pentures, équerres, paumelles et ouvrages semblables, seront embreuvés de leur épaisseur et seront posés avec précision. Le clou de façon ordinaire ou à pointe sera pesé avec ces fers et payé au même prix; mais les boulons à écrou dits clous à vis, ou les clous de façon rivés et à tête ronde, ainsi que les vis, seront payés à part et à la pièce, sauf les vis, boulons à écrou et pointes à ferrer, employés pour pose d'équerres, au mètre courant, de serrures et de paumelles neuves, lesquels sont compris dans le prix de ces ouvrages.

Ouvrages d'assemblages. Les fers au poids seront proprement forgés, les pentures bien élargies au collet et tirées en queue de morue. Les ouvrages d'assemblages seront traités avec beaucoup de soin, et tous les congés, embases et chapiteaux indiqués seront bien observés et exécutés.

Vieux fers cédés. Le bordereau ne contenant pas de prix de façon pour les vieux fers, ils seront cédés à l'entrepreneur en déduction du prix des ouvrages, moyennant, quelles que soient l'espèce et la nature, le prix fixe et non susceptible de rabais de vingt centimes le kilogramme.

Quincaillerie. Tous les objets décrits au bordereau sous la dénomination de quincaillerie, seront très-soignés et très-forts.

Les prix de tous les ouvrages de serrurerie comprennent leur pose, les scellements seront seuls payés à part.

§ XIII. — GRILLAGE.

Les grillages soit en laiton, soit en fil de fer, seront bien faits et les mailles en seront régulières; ils seront comptés au mètre carré, tous vides déduits; cependant ceux de forme ovale ou circulaire seront comptés comme carrés, à cause des pertes de fil de fer que ces formes occasionnent et de la sujétion de la main-d'œuvre.

§ XIV. — PEINTURE, DORURE ET VITRERIE.

Qualité des ingrédients. Tous les ingrédients composant la peinture seront de première qualité; ceux pour peintures à l'huile seront broyés à l'huile. L'Architecte fera toutes les expériences qu'il croira nécessaires pour assurer leur qualité, même après l'exécution de l'ouvrage, s'il le juge convenable, et s'il résulte de ces expériences que les ingrédients soient de mauvaise qualité, ou qu'ils ne soient pas de l'espèce et de la qualité exigées par la nature de la peinture à laquelle on les destine ou à laquelle on les aura employés, ils seront refusés, et l'ouvrage où ils auront été appliqués sera lessivé et recommencé aux frais de l'entrepreneur. Cette clause est de toute rigueur.

Mesurage. La peinture sera mesurée au mètre carré, tous vides déduits et sans usages. Cependant, pour éviter des détails fort longs, fastidieux et insignifiants, on comptera les croisées à petits bois pour leur superficie réelle; celles à grands carreaux, pour trois quarts de cette superficie et les persiennes pour une fois et demi leur superficie. Dans les lambris et portes on ne développera pas les épaisseurs, moulures et cadres. Le rebouchement est compris dans le prix de chaque espèce de peinture, ainsi que les grattages, époussetages et lessivages simples. Chaque couche de peinture devra être constatée et reconnue par l'Architecte. Celles données sans ordre ou non reconnues ne seront pas payées à l'entrepreneur. Il n'en sera de même des travaux préparatoires qu'autant qu'ils auront été ordonnés et reconnus.

Main-d'œuvre. Tous les ouvrages de peinture seront très-soignés et les moulures bien dégagées; les ouvrages de décors en général, comme marbre, granit, pierre et bois feints, seront exécutés par de vrais décorateurs et non par des peintres en bâtiment.

Dorure. Il en sera de même de la dorure et des lettres qui seront très-soignées et exécutées par d'excellents ouvriers. La dorure sera mesurée au mètre carré pour sa superficie réelle, tous vides déduits, mais les moulures seront développées.

Le verre neuf sera toujours de première qualité, sans fils, taches, bouillons, ni gauche, quelle que soit l'espèce employée. Chaque carreau sera attaché avec quatre pointes et bien mastiqué. Le nettoyage du verre neuf sera fait par l'entrepreneur sans plus value.

§ XV. — TAPISSERIE ET MIROITERIE.

Les ouvrages de tapisserie et de miroiterie seront exécutés en régie, et il sera accordé à l'entrepreneur cinq pour cent pour ses avances, peines et soins.

§ XVI. — TENTURE.

Les papiers peints et bordures seront achetés en régie et il sera accordé à l'entrepreneur, comme ci-dessus, cinq pour cent.

Tous les autres ouvrages et fournitures de cette partie seront comptés au mètre carré pour leur superficie réelle, tous vides déduits.

Le collage sera fait avec soin et par de vrais colleurs. Tous collages mal faits seront perdus pour l'entrepreneur, qui devra les recommencer à ses frais et remplacer même à ses frais le papier gâté par suite de ses mal-façons.

§ XVII. — POELERIE ET FUMISTERIE.

Les ouvrages de poêlerie et de fumisterie seront comptés comme l'indique le bordereau, soit au poids, soit à la mesure de hauteur, de largeur ou de diamètre, soit au mètre courant, soit à la pièce. Ces ouvrages, quels qu'ils soient, seront toujours bien traités.

Les carreaux d'angle pour poêle de construction seront payés un quart en sus des autres. Ceux pour socles de corniches, un tiers en sus, et tous carreaux cintrés en plan un dixième en sus de ceux droits.

§ XVIII et dernier. — TEMPS.

Les ouvriers, quel que soit leur profession, seront payés à l'heure et non à la journée.

CHAPITRE II.

Conditions générales.

Conditions d'admission.   Art. 1er Nul ne sera admis à soumissionner les ouvrages s'il n'est homme de l'art, notoirement capable et solvable : la capacité sera constatée par un certificat délivré ou visé par l'architecte-voyer de la ville et joint à la soumission, laquelle ne sera pas reçue sans cette formalité ; la solvabilité sera établie par titres ; le cautionnement sera en espèce ou en immeubles et du trentième de la valeur à laquelle s'élèverait les travaux adjugés pendant le cours du bail ; s'il est fourni en immeubles, les immeubles devront présenter une valeur libre au moins double du chiffre du cautionnement.

Résidence.   Art. 2. L'entrepreneur résidera à Chartres ou devra y faire élection de domicile, et s'y fera constamment représenter par un commis capable, agréé de l'Architecte et ayant pouvoir d'agir en son nom.

Division des travaux.   Art. 3. Les travaux seront divisés en deux catégories, savoir :

La première comprenant les pavages et trottoirs ; la seconde les travaux de toute nature.

Il ne sera admis pour chaque lot qu'un seul entrepreneur.

L'entrepreneur du lot des pavages exécutera tous les travaux de cette nature à quelque somme que puisse s'élever la dépense pendant le cours du bail, ainsi que ceux relatifs aux chaussées d'empierrement.

L'entrepreneur du lot de la deuxième catégorie fera pendant le cours de son bail :

1° Tous les travaux d'entretien et de réparation ;

2° Les constructions neuves ne s'élevant pas au-dessus de quatre mille francs.

Au-delà de quatre mille francs, la ville se réserve le droit de faire exécuter par l'entrepreneur les dits travaux neufs, jusqu'à concurrence de quinze mille francs, soit de les mettre en adjudication spéciale.

Pavages, modes d'exécution.   Art. 4. La première année du bail, les pavages neufs seront exécutés en tenant compte distinctivement à l'entrepreneur de la fourniture des pavés au mille, du sable au mètre cube et de la main-d'œuvre au mètre superficiel, sous les garanties stipulées au chapitre premier.

L'Administration municipale se réserve le droit de faire, dans les campagnes suivantes, exécuter les dits pavages soit suivant le mode précédent, soit au mètre superficiel, comprenant fourniture de pavés et main-d'œuvre et non compris le sable, sous la condition expresse et nécessaire pour l'entrepreneur d'employer dix-huit pavés d'échantillon au mètre superficiel ; tout déficit sur le nombre des pavés donne le droit à la ville de faire recommencer l'ouvrage, ou, à son choix, d'opérer une retenue de prix proportionné au déficit.

Si la ville use de la faculté d'exécuter les pavages neufs au mètre superficiel, elle notifiera sa volonté à l'entrepreneur en lui remettant l'état d'indication de la campagne dans le courant de février.

Époques d'exécution.   Les pavages neufs seront exécutés dans les délais prescrits par l'état annuel d'indication, et, dans tous les cas, le 1er octobre de chaque année.

Les réparations en recherche seront renfermées dans le même délai.

Échafaudages. Outils.   Art. 5. L'entrepreneur sera tenu de se pourvoir à ses frais de tous les outils, équipages, échafaudages, cordages, cordeaux, piquets et ustensiles quelconques, comme aussi de tous magasins, locaux pour épures, modèles, sans aucune indemnité, le prix de ces accessoires étant implicitement compris dans ceux du bordereau.

Fournitures de matériaux.

Art. 6. Tous les ouvrages et fournitures généralement seront faits conformément aux clauses et conditions du devis, suivant les dimensions réelles et en place, indiquées au bordereau et avec les matériaux de la meilleure qualité, sous peine de refus par l'Architecte. On suivra pour l'exécution les meilleures règles de l'art, sous peine, si l'on s'en écarte, de démolition et de reconstruction, aux frais de l'entrepreneur, de toutes les parties défectueuses.

Dans aucun cas, l'entrepreneur ne pourra invoquer en sa faveur les usages locaux.

L'Architecte-voyer pourra faire exécuter en régie les menues réparations difficiles à mesurer et à classer.

Les ouvriers seront payés à l'heure et non à la journée.

Si l'entrepreneur employait des matériaux de plus fortes dimensions que celles prescrites par l'état d'indication, il ne lui serait tenu compte que de la quantité demandée des dits matériaux; s'il en employait de plus faibles, l'Architecte déterminerait si les dits matériaux peuvent être conservés, et dans ce cas, il les porterait en compte pour leur quantité réelle, indépendamment du droit qu'il a de faire démolir ceux jugés non susceptibles d'être conservés.

Délais d'exécution.

Art. 7. L'entrepreneur sera tenu d'exécuter les ouvrages dans les délais qui lui seront prescrits, les travaux une fois commencés seront exécutés sans autre interruption que celle résultant d'ordres donnés par écrit à l'entrepreneur; l'infraction à ces conditions sera immédiatement constatée par l'Architecte et punie:

1° De l'exécution des ouvrages en retard, à l'aide d'ouvriers placés d'office en régie par l'Architecte au compte de l'entrepreneur;

2° D'une retenue de dix francs pour chaque jour de retard, le tout après mise en demeure.

Au cas où, pendant le cours des travaux, un nombre insuffisant d'ouvriers, des lenteurs à approvisionner ou toutes autres causes feraient craindre pour un non achèvement dans les délais prescrits, l'administration municipale aura le droit de mettre l'adjudicataire en demeure d'employer tel nombre d'ouvriers, d'avoir fait tels approvisionnements qu'elle jugera utile, dans un délai déterminé. A défaut d'exécution de l'ordre de service qu'elle lui aura notifié à cet effet, elle pourra ordonner la mise en régie, si à l'expiration dudit délai de mise en demeure l'entrepreneur n'a pas satisfait à l'obligation imposée, le tout sans préjudice du droit qu'a l'administration de résilier d'office le marché et de procéder à une nouvelle adjudication à folle enchère.

Réserves.

Art. 8. Indépendamment des réserves particulières stipulées dans le devis, la ville se réserve expressément et généralement de faire exécuter par ses ateliers de charité les parties d'ouvrages qu'elle jugera convenable; elle se réserve également le droit de payer directement les fournitures de quelque nature qu'elles soient faites, par économie, sur mémoires ou autres, sans le concours de l'entrepreneur et conséquemment sans lui accorder aucune remise.

Indemnités.

Art. 9. L'entrepreneur ne sera, dans aucun cas, admis à demander d'indemnité ou supplément de prix, ni la résiliation de l'adjudication, pas même pour les erreurs qui existeraient dans les calculs du devis et les prix du bordereau qu'il est censé avoir vérifiés.

Dans le cas où l'administration municipale jugerait convenable de ne faire exécuter qu'une très-faible partie de travaux, ou même de les suspendre tout-à-fait, l'entrepreneur ne pourra prétendre à aucune indemnité, mais il aura toujours droit aux paiements des travaux et approvisionnements faits conformément aux états d'indication réguliers.

L'entrepreneur sera passible de toutes indemnités provenant de l'extraction, du transport ou des dépôts de ses matériaux. Il devra se pourvoir à ses frais de carrières ou de murgers pour l'extraction de la pierre, du grès, du silex ou du sable dont il pourra avoir besoin, sans que la ville puisse être recherchée et mise en cause pour les indemnités ou dommages-intérêts pouvant résulter soit des extractions, soit du passage des voitures ou des dépôts faits sur les propriétés particulières. Il est formellement entendu à cet égard que tous les matériaux sont comptés, rendus à pied-d'œuvre, et que c'est à l'entrepreneur à se les procurer à ses frais, risques et périls.

Démolition et vieux matériaux. Art. 10. Lorsqu'il y aura lieu de démolir certains ouvrages, les matériaux seront déplacés avec soin pour pouvoir être remaniés et remis en place, s'il y a lieu, avec les mêmes précautions que les matériaux neufs, ou portés et rangés avec soin dans les magasins ou dépôts de la ville.

Toutes les fois qu'il sera jugé convenable d'employer des matières neuves ou de démolition appartenant à la ville, l'entrepreneur ne sera payé que des frais de main-d'œuvre et d'emploi, sans pouvoir répéter de dommages pour manque de gain sur les fournitures supprimées.

Gravois et décombres. Art. 11. L'entrepreneur ne pourra s'étayer de la condition qui lui est imposée de conduire aux vidanges publiques les gravois et décombres qui ne seront susceptibles d'aucun service, pour s'approprier quoi que ce soit provenant des démolitions, sans l'autorisation municipale, tous objets de démolition étant la propriété de la commune.

Mètre. Vérification. Art. 12. L'Architecte tiendra un journal ou carnet d'attachement, avec dessins et croquis à l'appui, de tous les ouvrages et métrés de son service.

L'entrepreneur sera appelé à relever contradictoirement par lui ou ses commis, toutes les fois qu'il sera utile, les éléments de ces métrés. Après avertissement écrit, il sera procédé en sa présence comme en son absence, à cette vérification. En cas d'absence, le métré lui sera communiqué sur sa demande au bureau de l'Architecte, et il sera admis à en débattre contradictoirement l'effet, le tout dans les cinq jours de l'avertissement ci-dessus. Passé ce délai, il sera déchu de toute réclamation, le métré sera acquis pour les travaux en règlement, et on procédera sans désemparer à la continuation des ouvrages interrompus.

L'Architecte a le droit de faire démolir les ouvrages par lui présumés défectueux. Il n'est pas tenu compte à l'entrepreneur desdits ouvrages dont la défectuosité aurait été reconnue.

Réception. Art. 13. Les ouvrages de quelque nature qu'ils soient ne seront admis en compte qu'autant qu'indépendamment de leur inscription au carnet, ils auront été vérifiés et reçus par l'Architecte, soit partiellement, soit dans leur entier.

Garantie. Art. 14. L'entrepreneur entretiendra réellement et en parfait état de travaux neufs, pendant un an, à ses frais, tous les ouvrages neufs qu'il exécutera, à compter du jour de la réception de ces ouvrages, et il les garantira pendant dix ans, aux termes de l'article mille sept cent quatre-vingt-douze du Code Napoléon.

Ordres, dessins, profils. Art. 15. L'entrepreneur se conformera rigoureusement aux ordres de service verbaux ou écrits de l'Architecte et de ses employés, comme aussi à tous dessins, profils et autres indications qui lui seront remis pour l'exécution des ouvrages.

Il ne pourra de lui-même et sous aucun prétexte apporter aucun changement aux indications, pièces, ou au devis, à peine de voir rejeter les travaux faits contrairement aux dispositions ordonnées.

Allocation pour travaux en régie par l'intermédiaire de l'entrepreneur. Art. 16. Dans le cas où l'Architecte jugerait convenable d'exécuter certains travaux en régie, par l'intermédiaire de l'entrepreneur, il serait alloué à ce dernier, savoir : un quarantième du montant desdits travaux pour le couvrir de ses avances de fonds, s'il justifie par pièces comptables avoir avancé réellement les fonds; en outre, un quarantième pour soins, conduite, entretien et frais de machines, équipages et autres outils que ceux dont se munissent ordinairement à leurs frais les ouvriers de chaque état.

Les avances de fonds ci-dessus n'excéderont pas un trimestre; passé ce temps, il en serait tenu compte au taux légal; ces deux quarantièmes ne seront pas passibles de rabais.

Garde. Éclairage. Art. 17. L'entrepreneur sera tenu d'éclairer à ses frais, pendant toute la durée des nuits, avec des lampes appliquées sur des poteaux, en nombre suffisant, et de faire enceindre de moyens de sûreté, de faire garder soit de jour soit de nuit au besoin, ses chantiers et dépôts de matériaux sur la voie publique, et les parties de la voie publique où il aurait entrepris des travaux de nature à occasionner des accidents : il sera responsable de tous ceux qui arriveraient par suite de la négligence qu'il aurait mise à se conformer aux dispositions du présent article.

Renvoi d'agents, ouvriers. Art. 18. L'Architecte aura le droit d'exiger le changement ou le renvoi des agents et ouvriers de l'entrepreneur pour cause d'insubordination, incapacité ou improbité.

Accidents 1° A la construction Art. 19. Il ne lui sera alloué aucune indemnité à raison de pertes, avaries ou dommages occasionnés par négligence, imprévoyance, défaut de moyens, fausses manœuvres ou autres, soit de son fait, soit de circonstances accidentelles de toute nature.

L'entrepreneur sera toutefois admis à réclamer le bénéfice des cas de force majeure légalement constatée à sa diligence.

2° Aux ouvriers. L'entrepreneur sera soumis au règlement ministériel du 15 décembre 1848, relatif aux secours à accorder à ses ouvriers en cas d'accident, et à la retenue spéciale d'un pour cent sur le montant total des travaux adjugés, réglée par la circulaire du 22 octobre 1851.

Jours fériés. Art. 20. L'entrepreneur sera soumis à l'interdiction du travail le dimanche et les jours fériés, prescrite par les circulaires ministérielles des 20 mars 1849 et 10 novembre 1851.

Contestation. Art. 21. En cas de difficultés entre la ville et l'entrepreneur, elles seront soumises au jugement du Conseil de Préfecture, comme en matière de travaux publics.

BORDEREAU DE PRIX DES TRAVAUX.

TERRASSE.

N° d'ordre.	NATURE DES OUVRAGES.	PRIX. 1853.		PRIX. 185 .	
		fr.	c.	fr.	c.
	CHAPITRE Ier.				
	TERRASSE.				
1	Le mètre cube de terre, fouillée jusqu'à 1 m 60 c de profondeur et jetée sur berge ou chargée directement dans les tombereaux ou brouettes, lorsqu'il y aura lieu ; en terre jectisse ou déjà remuée . . .	»	20		
2	— en terre végétative, dite terre franche.	»	25		
3	— en terre argileuse mêlée de cailloux ou gravois .	»	35		
4	— en tuf-marneux ou terrain de fondation dans l'eau.	»	50		
5	Plus-value par mètre cube pour chaque banquette de 1 m 60 c en contre-bas de la première ou pour chaque jet à la pelle en sus du premier.	»	15		
6	Charge seulement d'un mètre cube de terre à la brouette.	»	10		
7	— au tombereau	»	20		
8	Le mètre cube de terre transporté à la brouette à un relai de distance (30 mètres) et jusqu'à quatre relais inclusivement	»	10		
9	Le mètre cube de terre transporté au tombereau au-delà de quatre relais et jusqu'à 200 mètres de distance inclusivement	»	45		
10	Plus-value pour chaque distance de 100 mètres au-delà	»	05		
	NOTA. *Les prix ci-dessus, relatifs à la charge et au transport, sont applicables aux sables, cailloux, décombres et à tous autres matériaux analogues remués.*				
11	Le mètre cube de terre pilonnée et régalée en remblais	»	05		
12	L'heure d'été d'un terrassier travaillant dans l'eau .	»	25		
13	— d'un terrassier travaillant à pied sec	»	17		
14	La journée d'une voiture attelée d'un cheval et conduite par un charretier.	7	»		
15	Lorsqu'une voiture sera attelée de plusieurs chevaux, chaque cheval au-delà du premier sera payé. . .	5	»		
	NOTA. *Moyennant ces prix, l'entrepreneur sera obligé d'avoir double voiture, c'est-à-dire une à la charge et une roulante, si l'ouvrage l'exige.*				

Déblais.

Charge.

Transport à la brouette.

Transport au tombereau.

Remblais.

Heures.

Journées.

PAVAGES.

N.º d'ordre.	NATURE DES OUVRAGES.	PRIX.			
		1853.		185 .	
		fr.	c.	fr.	c.
	CHAPITRE II.				
	FOURNITURE DE CAILLOU DE MURGER ET DE CARRIÈRE.				
16	Le mètre cube de caillou cassé au calibre de 5 cent.	4	»		
17	— au calibre de 6 centimètres.	3	50		
18	— de carrière, même calibre	3	50		
	CHAPITRE III.				
	FOURNITURE DE SABLE ET SABLE-SABLON.				
19	Le mètre cube de sable de ravine pur, lavé, transporté et emmétré à pied-d'œuvre	5	25		
20	— de sable de Saint-Prest, de Ver, de Saint-Georges-sur-Eure.	5	»		
21	— do sable de la banlieue	4	»		
22	— de sable-sablon de Maintenon, d'Epernon et de Gallardon	5	50		
	CHAPITRE IV.				
	PAVAGES.				
23	Le mille de pavés de grès d'échantillon, à pied-d'œuvre.	310	»		
24	— de pavés bâtards.	165	»		
25	— de pavés de trottoirs	90	»		
26	Le mille de bordures dites boutisses, d'un pavé et demi	487	50		
27	— de deux pavés.	650	»		
	Voir au chapitre V, nᵒˢ 65, 66, 67, 68 et 69.				
28	Hydraulique de sable, par mètre superficiel pour toute espèce de pavages.	»	50		
29	— de ciment, pour pavés d'échantillon ou bâtards .	»	90		
30	— de ciment, pour pavés de trottoirs	»	75		
31	Façon du mètre superficiel de toute espèce de pavage neuf fourni au mille par l'entrepreneur.	»	60		
32	— du mètre superficiel de relevé-à-bout en pavés neufs ou vieux, mais non fournis par l'entrepreneur	»	75		
33	— de flaches et repiquages tout compris	»	90		
34	Lorsque l'une ou l'autre espèce des pavages ci-dessus sera faite en mortier, la main-d'œuvre sera augmentée de.	»	10		
35	Pose du mètre courant de bordures en grès de trottoir, et sable.	»	15		
36	— avec mortier de ciment, y compris mortier. . .	»	20		

Fournitures de pavés.

Bordures en grès.

Bordures en pierre de taille.
Mortier.

Main-d'œuvre.

MAÇONNERIE.

	Nos d'ordre.	NATURE DES OUVRAGES.	PRIX. 1853. fr.	c.	185 . fr.	c.
Retailles.	37	Retaille d'anciens pavés de ladère, par cent à en provenir.	3	»		
	38	— d'anciens pavés de grès d'échantillon rebutés des chaussées et réemployés de suite	2	»		
Démontages.	39	Du mètre superficiel de vieilles chaussées de pavage ou blocage, quand il y a lieu de le compter distinctement.	»	20		
Prix du mètre superficiel.	40	En pavés de grès d'échantillon, non compris sable .	6	»		
	41	— en pavés bâtards	4	10		
	42	— de petits pavés pour trottoirs	3	45		
	43	— de pavage de trottoir pour servir de base à la contribution des riverains, avec toute fourniture et un dixième de sable pour la forme et le sablage .	4	50		
Dallage en bitume.	44	Le mètre superficiel de dallage en bitume de quinze millimètres à vingt millimètres d'épaisseur (la forme non comprise).	5	»		
	45	— de dix à quinze millimètres.	4	»		
	46	*Pour la forme, voir les nos de la série (sable, béton, etc.).*				
Dallage en pierre de taille.		*Voir au chapitre V, no 64.*				
Heures.	47	L'heure d'un chef paveur	»	35		
	48	— d'un paveur.	»	28		
	49	— d'un dresseur	»	23		
	50	— d'un garçon.	»	17		

CHAPITRE V.

MAÇONNERIE.

§ 1er. — *Pierre de taille.*

	Nos d'ordre.	NATURE DES OUVRAGES.	1853. fr.	c.	185 . fr.	c.
Libages.	51	Le mètre cube de gros libages en pierre de Berchères seulement ébauchés, employés en fondation et posés avec mortier de sable et chaux hydraulique. .	44	»		
	52	— De mêmes libages à façon, c'est-à-dire sans fourniture de pierre, mais avec fourniture de mortier.	10	»		
Ouvrages sans joints.	53	— de maçonnerie en même pierre de Berchères pour ouvrages sans joints, comme bornes, dés, auges, marches, seuils, appuis, regards	50	»		
	54	— en roche dure	110	»		
	55	— en Vergelet, Vernon, Montigny	80	»		
Murs sur plans droits.	56	— de maçonnerie en pierre de Berchères, en élévation sur plan droit, posée avec mortier hydraulique	55	»		
	57	— en roche dure	120	»		
	58	— en Vergelet.	80	»		
	59	— de même maçonnerie de l'une ou l'autre espèce, à façon seulement	12	»		

MAÇONNERIE.

N° d'ordre.	NATURE DES OUVRAGES.	PRIX.			
		1853.		185 .	
		fr.	c.	fr.	c.
60	— de même maçonnerie en pierre de Berchères, pour voûtes ou parties courbes, soit en plan, soit en élévation	65	»		
61	— en roche	125	»		
62	— de même maçonnerie en pierre de Montigny ou de Vergelet.	85	»		
63	— de même maçonnerie de l'une ou l'autre espèce, à façon	14	»		
64	Lorsqu'une des espèces de maçonnerie, en pierre neuve ci-dessus, nécessitera des morceaux cubant au moins cinq dixièmes et au plus trois centièmes de mètre cube, le prix sera augmenté de. . . .	10	»		
65	Lorsque l'une des maçonneries ci-dessus sera posée en plâtre, le prix sera augmenté de	2	»		
66	Le mètre cube de maçonnerie de pierre de Berchères, pour tablettes, appuis, seuils, marches, escaliers, cordons, corniches, dallage, et autres objets ayant au plus deux décimètres d'épaisseur, posé avec mortier de sable et chaux hydraulique	75	»		
67	Le mètre courant de bordure de trottoirs en pierre de Berchères, de 0 m 30 c de largeur, sur 0 m 30 c de hauteur, bien taillée et posée sur forme de sable et jointoyée en mortier de ciment et chaux hydraulique (taille et pose comprises)	7	»		
68	— de demi-bordure de 0 m 25 c sur 0 m 18 c. . .	4	»		
69	Le mètre courant de bordure en grès, de 0 m 30 c sur 0 m 30 c	11	»		
70	Sur plan courbe, le prix sera augmenté d'un dixième.				
71	Seulement posée à façon avec fourniture de sable et mortier	»	75		
72	Le mètre cube d'ouvrages en roche dure, semblables à ceux en pierre de Berchères désignés au n° 64 ci-dessus	130	»		
73	— de même maçonnerie en liais fin (Tonnerre) . .	140	»		
74	— en pierre de Vergelet	85	»		
75	Lorsque la maçonnerie de pierre sera posée avec mortier de ciment, le prix du mètre sera augmenté de	1	50		
76	Lorsque la maçonnerie de pierre sera faite en reprises en sous-œuvre, cubant moins d'un mètre, le prix du mètre sera augmenté de	5	»		
77	Le mètre cube de moëllon piqué ou de demi-appareil, y compris pose, jointoiement en ciment et chaux hydraulique, taille et ragrément des parements vus, en calcaire, taille comprise.	35	»		
78	— en meulière	48	»		

Voûtes et plans courbes.

Grosses et petites pierres.

Tablettes, seuils, marches, appuis, escaliers et dallages en pierre de Berchères.
Bordures de trottoirs :
1° Berchères.

2° Grès.

Tablettes, appuis, etc., en pierre fine.

Ciment.

Reprises.

Moëllon piqué ou de demi-appareil.

MAÇONNERIE.

Désignation	N° d'ordre	NATURE DES OUVRAGES	Pierre tendre 1853.		Pierre tendre 185 .		Pierre dure 1853.		Pierre dure 185 .	
			fr.	c.	fr.	c.	fr.	c.	fr.	c.
		§ 2. — *Taille de la pierre.*								
Bordures de trottoirs : Grès.	79	Le mètre superficiel de parements vus, piqués à la grosse pointe, entre arêtes nettes	»	»			5	»		
	80	— taillés à la fine pointe, entre larges ciselures . .	»	»			10	»		
Calcaire.	81	Le mètre superficiel piqué à la grosse pointe , entre arêtes vives	»	»			3	»		
	82	— piqué à la fine pointe, entre ciselures. . . .	»	»			4	25		
En élévation. Calcaire dur.	83	Le mètre superficiel de parements vus , lits et joints compris, sur plan droit .	»	»			4	50		
	84	— id. sur plan courbe ou voûtes.	»	»			5	50		
Roche de Paris.	85	Le mètre id. sur plan droit.	»	»			6	»		
	86	— id. sur plan courbe et voûtes.	»	»			6	50		
Vergelet, Vernon ou Montigny.	87	Le mètre sur plan droit. .	3	»			»	»		
	88	— sur plan courbe ou voûtes	3	25			»	»		
Epanelage.	89	Le mètre superficiel en calcaire ou Roche . . .	»	»			2	»		
	90	— en Vergelet , Vernon et Montigny.	1	»			»	»		
Vieille pierre.	91	Le mètre superficiel de blanchiment de vieille pierre.	1	»			2	»		
Sciage.	92	Le sciage ne sera pas compté distinctement de la taille								
Piquage de moëllon.	93	Le mètre superficiel de piquage de moëllon quand il y aura lieu de le compter distinctement. . . .	»	»			3	,		
Ebauchage.	94	Le mètre cube d'ébauchage de vieille pierre, quand il y aura lieu de le compter distinctement. .	3	»			8	»		
Fente.	95	Le mètre cube de fente de vieille pierre. . . .	2	»			7	»		
Évidements.	96	Le mètre cube d'évidement, parement non compris , simple ou sans valeur de la pierre, en Berchères.	»	»			40	»		
	97	— en Roche dure.. . .	»	»			35	»		
	98	— en pierre tendre. .	15	»			»	»		

MAÇONNERIE.

N.os d'ordre.	NATURE DES OUVRAGES.	PRIX. Pierre tendre.. 1853.		185 .		dure. 1853.		185 .	
		fr.	c.	fr.	c.	fr.	c.	fr.	c.
99	*Refouillements.* Le mètre cube de refouillement, entre quatre ou cinq côtés conservés, simple ou sans valeur de la pierre, en Berchères.	»	»			80	»		
100	— en Roche dure.	»	»			70	»		
101	— en pierre tendre.	30	»			»	»		
102	*Trous pour scellements.* Chaque trou de moins de dix centimètres de profondeur.	»	15			»	30		
103	— de 10 à 15 centimètres	»	25			»	45		
104	— de 15 à 20 centimètres	»	35			»	80		
105	— de 20 à 30 centimètres	»	60			1	50		
106	*Feuillures.* Les petites feuillures n'étant pas considérées comme évidements, seront payées au mètre courant; celles jusqu'à 27 millimètres inclusivement.	»	50			»	85		
107	Celles de 27 à 41 millimètres.	»	75			1	25		
108	Celles de 41 à 54 millimètres.	1	»			1	70		
109	Celles de 54 à 81 millimètres.	1	50			2	25		
110	NOTA. — *Au-delà de 81 millimètres les feuillures seront considérées et payées comme évidements.*								
111	*Denticules.* Chaque denticule.	»	10			»	25		
112	*Refends.* Le mètre linéaire de refends en sus de la taille.	»	20			»	50		

§ 3. — *Maçonnerie de briques et de pavés à four.*

N.os d'ordre.	NATURE DES OUVRAGES.	fr.	c.
113	Le mètre cube de maçonnerie de briques, hourdée avec mortier de sable et chaux hydraulique, sur plan droit	38	»
114	— de même maçonnerie à façon seulement, c'est-à-dire sans fournitures de briques.	9	»
115	— sur plan courbe ou pour voûtes, ou encore lorsqu'il existera des arêtes hors d'équerre ou des feuillures à tailler	42	»
116	— de même maçonnerie à façon seulement, c'est-à-dire sans fourniture de la brique, mais avec fourniture de mortier	12	»

MAÇONNERIE.

	N°. d'ordre.	NATURE DES OUVRAGES.	PRIX. 1853. fr.	c.	185 . fr.	c.
Ciment.	117	Lorsque cette maçonnerie sera hourdée en mortier de ciment, le prix du mètre sera augmenté de. .	3	»		
Plâtre.	118	Lorsqu'elle sera hourdée en plâtre pur, le prix du mètre sera augmenté de.	7	»		
Reprises.	119	Lorsqu'elle sera en reprise en sous-œuvre, cubant moins d'un mètre, le prix sera augmenté de . .	2	»		
Languettes en briques de plat.	120	Le mètre carré de languettes de cheminée, bandes de trémie, ou glissées en briques de 11 centimètres d'épaisseur, hourdées avec mortier de sable et chaux hydraulique, mais non ravalées ni jointoyées . .	1	80		
	121	— id. languettes à façon seulement.	1	50		
Ciment.	122	— id. hourdées en mortier de ciment, le prix sera augmenté de	»	25		
Plâtre.	123	— id. hourdées en plâtre, le prix sera augmenté de.	»	75		
Briques de champ.	124	Le mètre carré de languettes de briques de champ hourdées en plâtre et ravalées de même sur les deux parements de 7 à 8 centim. d'épaisseur . .	1	50		
	125	— id. de 5 à 7 cent. d'épaisseur.	4	»		
	126	— id. au-dessous de 5 cent. d'épaisseur.	3	75		
	127	— id. à façon seulement, c'est-à-dire sans fourniture de la brique ou du pavé, mais avec fourniture de plâtre.	2	»		
Foyers de cheminées.	128	Le mètre carré de languettes en pavés à four, de champ, apparents pour foyers de cheminées posés avec plâtre et ayant 54 millimètres d'épaisseur. .	8	75		
	129	— en mêmes pavés, mais de 41 millimètres d'épaisseur seulement.	7	25		
		§ 4. — *Maçonnerie de moëllon et de caillou.*				
	130	Le mètre cube de maçonnerie de caillou ou silex limousiné avec mortier de sable et chaux grasse sur plan droit.	12	»		
	131	— de même maçonnerie en moëllon calcaire de Berchères	13	»		
	132	— à façon seulement, c'est-à-dire sans fourniture de caillou ou de moëllon, mais avec fourniture de mortier	8	50		
	133	— sur plan courbe ou pour voûtes, ou pour remplissage de pans de bois, le prix du mètre sera augmenté de	»	75		
Ciment.	134	— id. limousiné avec mortier de ciment, le prix du mètre sera augmenté de.	7	»		
Chaux hydraulique.	135	Le mortier composé de chaux hydraulique, le prix sera augmenté de	1	»		
Plâtre.	136	— hourdé en plâtre, le prix sera augmenté de . .	8	»		
Reprises.	137	— En reprise en sous-œuvre, cubant moins d'un mètre, le prix augmentera de	1	»		
Maçonnerie à pierres sèches.	138	Le mètre cube de maçonnerie à pierres sèches pour perrés ou de remplissage à sec de pans de bois. .	7	»		
	139	— à façon seulement, c'est-à-dire sans fourniture de caillou	3	»		

MAÇONNERIE.

N°° d'ordre.	NATURE DES OUVRAGES.	PRIX.			
		1853.		185 .	
		fr	c.	fr.	c.
	§ 5. — *Maçonnerie de béton.*				
140	Le mètre cube de béton ordinaire en sable sous l'eau en place.	15	»		
141	— id. de béton maigre avec un cinquième de chaux.	10	»		
142	— id. de béton maigre avec un quart de chaux . .	11	»		
143	— id. de béton de ciment pour chapes et ouvrages analogues	23	»		
	§ 6. — *Maçonnerie de caillou avec mortier de terre; maçonnerie de bauge; enduits et bouges en terre et chaux et couvertures en paille et en chaume.*				
144	Le mètre cube de maçonnerie de caillou avec mortier de terre, mêlée de chaume, soit pour murs entiers soit pour fondements de murs	7	50		
145	— à façon seulement, c'est-à-dire sans fourniture de caillou ni de chaume.	3	»		
146	— de maçonnerie de bauge, mêlée de chaume. . .	3	»		
147	— de maçonnerie de bauge, sans fourniture de chaume	2	50		
148	Lorsque ces maçonneries seront faites en sous-œuvre ou en reprises, cubant moins d'un mètre, le prix du mètre sera augmenté de	»	75		
149	Le mètre carré d'enduit en terre franche, mêlée d'un cinquième de chaux éteinte et coupée de regain .	»	25		
150	— de bouge en même matière, mais fait de deux couches	»	50		
151	Le mètre courant de forte couverture en chaume de murs de clôture soutenue par une couche de glui d'un décimètre d'épaisseur.	1	75		
152	— à façon seulement, c'est-à-dire sans fourniture de chaume ni de glui	»	70		
153	— de recépage ou demi-couverture	»	90		
154	— de recépage à façon seulement.	»	40		
155	Le mètre carré de forte couverture en paille. . . .	1	70		
156	— id. en chaume.	1	50		
157	— id. à façon seulement, c'est-à-dire sans aucune fourniture	»	70		
158	L'emploi en repiquage de vieilles couvertures de 100 bottes de paille du poids de 10 kilogr. chacune, y compris fourniture de paille	45	»		
159	— id. sans fourniture de la paille.	20	»		
160	— id. de 100 bottes de chaume du poids de sept kil. l'une, y compris les fournitures.	35	»		
161	— id. non compris les fournitures.	17	»		

MAÇONNERIE.

Marge	N° d'ordre	NATURE DES OUVRAGES.	PRIX. 1853. fr.	PRIX. 1853. c.	PRIX. 185 . fr.	PRIX. 185 . c.
		§ 7. — *Jointoiements, crépis, enduits et solins.*				
Jointoiements en sable.	162	Le mètre carré de jointoiements de maçonnerie neuve de caillou, moëllon, brique et pierre de taille, en mortier de sable et chaux hydraulique	»	55		
Ciment.	163	— en mortier de ciment et même chaux.	»	65		
	164	Le mètre carré de jointoiements sur brique pincés avec arête saillante au milieu.	»	75		
Crépi moucheté dit à fleur de caillou.	165	Le mètre carré de crépi moucheté dit à fleur de caillou, sera payé le même prix que le jointoiement . . .	»	»		
Crépi plein et enduit en sable.	166	— de crépi plein et enduit appliqué en deux couches distinctes en mortier de sable et chaux hydraulique ou en mortier et plâtre, dit mortier bâtard, si c'est à l'intérieur, ensemble	»	85		
En ciment.	167	— en mortier de ciment, le prix augmentera de . .	»	15		
Enduits de citerne.	168	— d'enduits de citernes en mortier de chaux hydraulique et de ciment appliqués en trois fortes charges.	2	»		
Crépi-enduit en ciment romain.	169	— de crépis enduit en ciment romain mélangé de moitié de sable pur et sec de 34 millimètres d'épaisseur.	3	»		
	170	— id. de 4 cent. d'épaisseur.	4	»		
Crépi-enduit sur vieux.	171	Faits sur de vieille maçonnerie, y compris repiquage, nettoyage et mouillage des vieux mortiers, le prix du mètre augmentera de	»	15		
Simple enduit.	172	— de simple enduit fait sur un crépi déjà existant en mortier de sable et chaux hydraulique. . . .	»	35		
Ciment.	173	— en mortier de ciment et même chaux	»	40		
Cinglage.	174	— de cinglage en mortier de ciment, ou en sable blanc et chaux hydraulique	»	10		
Surcharge et bossage.	175	Le mètre cube de surcharge pour renformis ou dégauchissement sur vieux, et pour bossage, soit sur vieux, soit sur neuf, en mortier de sable et chaux hydraulique.	30	»		
Ciment.	176	— En mortier de ciment, le prix du mètre sera augmenté de	13	»		
	177	— En plâtre, le mètre vaudra.	45	»		
	178	Le mètre carré de crépi en terre franche coupée de regain pour plafonds ou cloisons.	»	50		
	179	— d'enduit en blanc en bourre.	»	65		
Solins.	180	Le mètre courant de solins de 11 cent. de largeur, en mortier de ciment.	»	25		
	181	— de mêmes solins, mais en plâtre.	»	30		
		§ 8. — *Lattage et ouvrages en plâtre.*				
	182	Le mètre carré de lattage pour plafonds ordinaires .	»	90		
	183	— id. pour plafonds à augets	»	50		
	184	— id. à façon, c'est-à-dire sans fourniture de lattes, pour plafonds ordinaires.	»	35		
	185	— id. pour plafonds à augets	»	25		

MAÇONNERIE.

N.° d'ordre.	NATURE DES OUVRAGES..	PRIX.			
		1853.		185 .	
		fr.	c.	fr.	c.
186	— id. espacé tant plein que vide pour pans de bois.	»	70		
187	— id. à façon	»	30		
188	— id. sur vieux, y compris démolition de vieux enduits ou des vieux plafonds, le mètre augmentera de. .	,	10		
189	Le mètre carré d'ouvrages en plâtre pour plafonds, ravalements, mitres, panneaux et carreaux pour cheminées, corniches, cordons, plinthes, chanfreins, et toutes espèces de moulures d'un centimètre au plus d'épaisseur, développées sur le contour des moulures.	»	80		
190	— de 1 à 2 centimètres..	1	20		
191	— de 2 à 3 centimètres..	1	60		
192	— de 3 à 4 centimètres..	1	90		
193	— de 4 à 5 centimètres.	2	30		
194	— de 5 à 6 centimètres..	2	70		
195	— de 6 à 7 centimètres..	2	90		
196	— de 7 à 8 centimètres..	3	20		
197	Lorsque les plafonds seront à augets simples, le prix sera augmenté de..	»	50		
198	— id. à augets cintrés, de	»	75		
199	— sur vieux, y compris démolition de vieux plâtre, le prix augmentera de.	»	10		
200	Le mètre courant de refends triangulaires ou quadrangulaires sera payé en outre.	»	10		
201	La taille de chaque denticule, grande ou petite. . .	»	07		
202	Le bouchement de chaque trou de clou ou autre, jusqu'à 0 m 16 c de côté lorsqu'il y aura arrachement d'enduit sur vieux.	»	05		
203	— id. de chaque trou sur vieux de 0m 16 c à 0m 25c.	»	15		
204	Chaque scellement, soit en mortier de ciment, soit en plâtre, non compris façon du trou, jusqu'à 10 centimètres de profondeur.	»	20		
205	— de 10 à 15 centimètres..	»	30		
206	— de 15 à 20 centimètres..	»	40		
207	— de 20 à 30 centimètres..	,	60		

Marginal labels (left of table): **Plâtre.** (opposite n.° 189) — **Refends.** (opposite n.° 200) — **Denticules.** (opposite n.° 201) — **Bouchement de trous.** (opposite n.° 202)

§ 9. — *Plafonds et pans de bois.*

Voir ci-dessus n°s 128, 130, 136, 137, 163, 164, 165, 167, 168, 169, 170, 171, 172, 173, 181, 182, 183, 184, 185, 186, 187, 188, 189, 190, 191, 192, 193, 194, 195, 196, 197 et 198, qui forment les éléments dont se composeront ces ouvrages.

§ 10. — *Scellements en mortier et en plâtre.*

MAÇONNERIE.

N.° d'ordre.	NATURE DES OUVRAGES.	PRIX.			
		1853.		185 .	
		fr.	c.	fr.	c.
208	Lorsqu'un scellement aura lieu dans la maçonnerie de pierre de taille, le trou sera payé à part à l'article de la *taille de pierre*, mais s'il n'est fait que dans la maçonnerie de moëllon, de caillou ou de brique, ou dans un plancher, le prix, quelle que soit la profondeur du scellement, eu égard à la démolition, augmentera de.	»	10		
209	Le mètre courant de scellements de chassis dormants, de portes ou croisées et du bouchement de lézardes jusqu'à 8 centimètres de largeur.	»	15		
	§ 11. — *Aires de planchers.*				
210	Le mètre carré d'aire en bauge, mêlée de regain de 7 à 10 centimètres d'épaisseur sur bardeau de cœur de chêne neuf fourni par l'entrepreneur. . .	1	10		
211	— sur vieux bardeau non fourni, mais reposé. . .	»	70		
212	— sur vieux bardeau non déposé.	»	50		
213	— façon avec du vieux bois dépendant du bâtiment, de cent bardeaux..	»	50		
214	Le mètre carré d'aire en bardeau de terre cuite scellé et jointoyé en ciment.	2	»		
	§ 12. — *Tuyaux en terre cuite plombée.*				
215	Le mètre courant de tuyaux de 25 centimètres de diamètre, pour glissées d'aisances, y compris pose et scellement en mortier de ciment.	4	50		
216	— de mêmes tuyaux pour ventilateurs et conduites d'eau, mais de 17 centimètres de diamètre. . . .	3	50		
217	— de mêmes tuyaux, mais de 11 centimètres de diamètre.	2	50		
	§ 13. — *Carrelage en terre cuite.*				
218	Le mètre carré de carrelage en grands carreaux hexagones de Chartres, posés avec mortier de ciment et chaux hydraulique.	3	30		
219	— id. mais en petits carreaux hexagones de Chartres	3	»		
220	— id. mais en pavés carrés ordinaires.	2	50		
221	— id. mais en gros pavés à four.	8	»		
222	— id. mais en moyens carreaux à four.	6	»		
223	— id. de l'une ou l'autre espèce, mais à façon, c'est-à-dire sans fourniture des carreaux, mais avec fourniture de mortier.	1	75		
224	Lorsqu'une des espèces de carrelage ci-dessus sera faite en reprises de moins d'un mètre de superficie, le prix sera augmenté de.	»	50		

Carrelage.

Ouvrage au mètre.

Ouvrage à façon.

Reprises.

MAÇONNERIE.

	N° d'ordre.	NATURE DES OUVRAGES.	PRIX.							
			Carreaux neufs.				Carreaux vieux.			
			1853.		185 .		1853.		185 .	
			fr.	c.	fr.	c.	fr.	c.	fr.	c.
Ouvrage en recherche.	225	Chaque gros carreau posé en recherche avec plâtre. .	»	45			»	15		
	226	— moyen carreau à four posé de même. . . .	»	35			»	15		
	227	— grand carreau hexagone posé de même. . . .	»	15			»	09		
	228	— petit carreau hexagone ou pavé carré ordinaire, posé de même. . . .	»	10			»	07		
		§ 14. — Démolitions relatives à la maçonnerie.								
Pierres de taille.	229	Le mètre cube de maçonnerie de pierre de taille et de briques, y compris nettoyage et emmagasinement des matériaux et enlèvement des gravois et décombres	4	»						
Moëllon.	230	Le mètre cube de maçonnerie de caillou et de moëllon avec mortier de sable ou de ciment y compris l'enlèvement des gravois. . . .	2	»						
	231	— de maçonnerie de caillou avec mortier de terre ou de bauge	»	60						
Sous-œuvre ou percement.	232	— Si la démolition est faite en sous-œuvre ou percement, le prix augmentera de. . . .	1	»						
Pans de bois ou planchers.	233	Le mètre carré de maçonnerie de pan de bois ou de planchers, carrelage compris et de cloisons en briques de champ. . . .	»	25						
Carrelage.	234	— de carrelage seulement. . . .	»	10						
Chaume ou paille.	235	— de couverture de bâtiment en paille ou en chaume.	»	03						
	236	Le mètre courant de couverture de murs de clôture en chaume. . . .	»	02						
Fer et plomb.	237	Les 100 kilogrammes de gros fers ou de plomb. . .	4	50						
		§ 15. — Matériaux rendus à pied d'œuvre et journées d'ouvriers concernant la maçonnerie.								
Cailloux et moëllon.	238	Le mètre cube de caillou. . . .	4	»						
	239	— de moëllon de Berchères. . . .	5	»						
Sable.	240	*Voir au Chapitre III, nos 19, 20, 21 et 22.*								
Ciment.	241	Le mètre cube de ciment ordinaire. . . .	17	60						
Ciment romain.	242	Le kilogramme de ciment romain de Vassy, pur et non éventé. . . .	»	15						
Chaux.	243	Le mètre cube de chaux grasse vive. . . .	27	»						
	244	— de chaux grasse éteinte. . . .	19	50						
	245	— de chaux hydraulique vive. . . .	27	»						
	246	— de chaux hydraulique éteinte. . . .	21	»						
Mortier.	247	— de mortier de chaux grasse et sable. . . .	15	»						
	248	— de même mortier avec chaux hydraulique. . .	16	»						
	249	— de mortier de chaux grasse et de ciment. . .	30	»						
	250	— de mortier de chaux hydraulique et de ciment. .	32	»						

MAÇONNERIE.

N°. d'ordre.	NATURE DES OUVRAGES.	PRIX.			
		1853.		185 .	
		fr.	c.	fr.	c.
251	Le mètre cube de terre franche, douce ou argile . .	4	50		
252	— de plâtre fin en poudre.	30	»		
253	Le millier de grosses briques de 22 cent. sur 11 et 5 cent.	45	»		
254	— de doubles briques de 22 cent. sur 11 et 4 cent.	40	»		
255	— de briques à cheminées de 20 cent. sur 10 cent. et 25 millim..	28	»		
256	— de grands carreaux hexagones.	60	»		
257	— de petits carreaux hexagones..	32	»		
258	— de pavés carrés ordinaires..	29	»		
259	— de gros pavés à four.	330	»		
260	— de moyens pavés à four..	220	»		
261	La botte ou paquet de 50 lattes de cœur de chêne de 1 m 30 c de longueur.	2	20		
262	— de lattes pareilles, mais de 1 m 14 c de longueur.	1	70		
263	— de charniers de cœur de chêne de 1 m 30 c de longueur.	2	20		
264	— de charniers pareils, mais de 1 m 14 c de long.	1	70		
265	— de lattes à chaume de 2 m 60 c de longueur . .	2	10		
266	Le mètre cube de pierre de Berchères équarrie grossièrement.	40	»		
267	— de même pierre, mais en morceaux cubant moins de 3 cent. ou plus de 4 dixièmes de mètre cube, ou en tablettes, seuils, etc., ayant au plus 2 décimètres d'épaisseur..	50	»		
268	— de pierre de Vergelet, Vernon, Montigny. . . .	70	»		
269	— de roche dure	95	»		
270	Le kilogramme de clous d'épingle	»	75		
271	— de bons rapointis	»	50		
272	L'heure d'un scieur de pierre.	»	33		
273	— d'un tailleur de pierre ou d'un poseur.	»	33		
274	— d'un maçon	»	21		
275	— d'un fort manœuvre ou apprenti	»	13		
276	— d'un manœuvre ordinaire.	»	10		

N°s d'ordre.	NATURE DES OUVRAGES.	PRIX.	
		1853.	185 .

CHAPITRE VI.

MARBRERIE, DALLAGE ET CARRELAGE EN PIERRE.

§ 1er. — Marbrerie.

N°	Nature des ouvrages	Le mètre carré de tranches d'une épaisseur de				Le mètre cube.
		14 milli.	27 milli.	4 centi.	54 millim.	
277	De marbre, sans œuvre griotte.	63 »	75 »	88 »	100 »	1,300 »
278	— Portor	55 »	70 »	85 »	100 »	1,300 »
279	— Bleu fleuri	33 »	50 »	68 »	85 »	1,300 »
280	— Bleu turquin.	30 »	45 »	60 »	75 »	1,200 »
281	— Noir de Dinan et Petit-Antique.	23 »	35 »	48 »	60 »	900 »
282	— Blanc veiné clair . . .	28 »	42 »	56 »	70 »	1,000 »
283	— Sainte-Anne.	15 »	25 »	35 »	45 »	750 »
284	— Granit	15 »	23 »	32 »	40 »	650 »
285	— Malplaquet	22 »	33 »	44 »	55 »	850 »
286	— Royal-Languedoc. . . .	19 »	28 »	38 »	47 »	750 »

287	Les tranches d'épaisseur non prévues au tableau ci-dessus seront payées à des prix analogues.		

N°	Nature des ouvrages	Sur plan droit.		Sur plan courbe ou moulures.	
288	Le mètre carré de taille sans arrachement et passé au grès sur marbre noir. .	34	»	90	»
289	— sur petit antique et Sainte-Anne.. . . .	33	»	82	50
290	— sur granit et Malplaquet.	27	»	67	50
291	— sur tous blancs et bleus.	24	»	60	»
292	Le mètre carré de polissage de tous marbres.. . .	7	50	19	»

N°	Nature des ouvrages	fr.	c.
293	Chaque trou et dégagement de pattes	»	10
294	Chaque trou évidé dans une tablette de meuble ou de poêle, soit pour pose d'un tuyau de poêle soit pour toute autre cause..	2	25
295	Le mètre carré de trait de sciage de marbre noir de Dinan..	24	»
296	— de petit Antique.	21	»
297	— de Sainte-Anne.	18	»
298	— de granit	16	50
299	— de Malplaquet	15	»
300	— de blancs et bleus.	12	»
301	Le mètre linéaire de coupe de marbre jusqu'à 4 cent. d'épaisseur inclusivement	»	35
302	— carré de trait de sciage de pierre dure.	10	»
303	Le mètre cube de pierre franche pour noyau ou doublure, y compris scellements.	150	»
304	Pose d'un chambranle simple ou à la capucine, sans foyer ni retours, sans fourniture de briques ni de mortier	2	50

Prix du marbre en bloc et en tranches.

Taille.

Polissage.

Trous et évidements.

Sciage.

Noyau ou doublures.

Pose.

MARBRERIE.

N.º d'ordre.	NATURE DES OUVRAGES.	PRIX.			
		1853.		185 .	
		fr.	c.	fr.	c.
305	Pose d'un chambranle pareil, mais portant socles et chapiteaux	3	»		
306	— d'un chambranle simple avec foyer	4	»		
307	— de même chambranle avec retours	5	»		
308	— d'un chambranle plus riche et à consoles ou à colonnes portant foyer et revêtements affleurant les consoles	8	»		
309	— d'un pareil chambranle, mais dont les revêtements sont détachés des consoles pour une saillie .	10	50		
310	La pose de tous autres marbres sera faite à l'heure .	»	»		

§ 2. — *Carrelage en pierre et marbre.*

311	Le mètre carré de carrelage en liais seul, carreaux de diverses grandeurs et formes, passés au grès .	9	»		
312	— de carrelage en carreaux de liais octogones et de marbre noir de Dinan, carrés non polis, mais passés au grès.	10	»		
313	Le mètre carré de carrelage en carreaux carrés moitié liais et moitié noir de Dinan, non polis, mais passés au grès	12	»		

§ 3. — *Dallage.*

314	Le mètre carré de dallage en liais de 5 à 6 centim. d'épaisseur.	16	»		
315	— de dallage en même pierre de 6 à 8 cent. d'épaisseur.	20	»		

§ 4. — *Heures.*

316	L'heure d'un marbrier.	»	33		

§ 5. — *Gravures.*

317	— Le centimètre de hauteur de lettres de moins de 4 cent. de hauteur, gravées sur pierre et teintées de résine vernie noire.	»	04		
318	— de pareilles lettres, mais remplies de mastic . .	»	06		
319	— de pareilles lettres, teintées de résine vernie noire, mais excédant 4 cent. de hauteur.	»	03		
320	— de pareilles lettres, mais remplies de mastic. . .	»	04		
321	— de lettres de moins de 4 centim. de hauteur et teintées de vernis, sur toutes espèces de marbres.	»	08		
322	— de mêmes lettres, mais dorées.	»	10		
323	— de mêmes lettres, mais excédant 4 cent. de hauteur et vernies	»	06		
324	— de mêmes lettres, mais dorées.	»	08		
325	Chaque mètre courant de filet gravé sur pierre et verni	»	60		
326	— de pareil filet, mais gravé sur marbre et verni.	1	20		

CHARPENTE.

N.° d'ordre.	NATURE DES OUVRAGES.	PRIX.			
		1853.		185 .	
		fr.	c.	fr.	c.
	CHAPITRE VII.				
	CHARPENTE.				
327	Pièces de 0 m 35 c d'équarrissage et au-dessus et d'au moins 12 m de longueur, le mètre cube.	150	»		
328	— id. d'un équarrissage inférieur à 35 c, mais d'au moins 12 m de longueur.	130	»		
329	Pièces de 0 m 35 c d'équarrissage et au-dessus, mais n'ayant pas moins de 7 mètres de longueur, le mètre cube.	100	»		
330	— id. au-dessous de 0 m 35 c d'équarrissage et de toutes longueurs, le mètre cube.	80	»		
331	Le mètre cube de bois en grume, pour pilotis et pour ouvrages analogues, mis en place ·	80	»		
332	— pour étais, étrésillonnements, chevalements et ouvrages analogues, taillés et assemblés et de toutes dimensions	15	»		
333	— pour cintres et couchis, de toutes dimensions.	30	»		
334	— de pose et dépose de bois appartenant à la démolition, pour mêmes ouvrages.	7	50		
335	Le mètre linéaire de 7 à 9 centimètres.	»	60		
336	— id. de 8 à 10 centimètres	»	75		
337	Le mètre cube en sapin de sciage et de toutes dimensions.	85	»		
338	Le mètre linéaire de renfles de 0 m 054 m d'épaisseur, en bon vieux bois de chêne.	»	30		
339	— celles au-dessus de 0 m 054 m et jusqu'à 0 m 07 c, en même bois.	»	40		
340	— celles au-dessus de 0 m 07 c seront payées au mètre cube.	»	»		
340 bis.	Le mètre cube de charpente à façon (construction neuve)	16	»		
340 ter.	— id. (en simple réparation)	20	»		
341	Le mètre cube de charpente démolie, y compris le transport.	5	»		
342	Le mètre courant de feuillures faites sur le tas . . .	»	30		
343	Chaque coupement ou entaille sur le tas	»	10		
344	Chaque mortaise faite sur le tas.	»	20		
345	— trou de tarière fait sur le tas.	»	05		
346	— cheville posée à des bois non remués	»	05		
347	— roullon non tourné de ratelier d'écurie	»	15		
348	Le kilogramme de clou à bois et demi cheville. . .	»	75		
349	L'heure d'un chef-ouvrier charpentier ou gâcheur. .	»	25		
350	— d'un ouvrier charpentier	»	23		
351	— d'un apprenti.	»	13		

Marginal notes (left column):

Chêne de qualité.

Marchand.

En grume.

A loyer.

Chevrons.

Sapin.

Renfles et fourrures.

Main-d'œuvre.

Démolition.

Feuillures.

Coupements et entailles.

Mortaises.

Trous.

Chevilles.

Roullons.

Clous.

Heures.

COUVERTURE.

	N°· d'ordre.	NATURE DES OUVRAGES.	PRIX.			
			1853.		185 .	
			fr.	c.	fr.	c.
Sciage.	352	Le mètre carré de trait de sciage de bois de charpente (chêne).	»	75		
	353	— id. de bois blanc	»	50		
	354	Le mètre linéaire de sciage de chevrons, solives ou voliges en peuplier.	،	04		
	355	— id. en chêne.	»	06		
	356	Le blanchissage ou dollage des charpentes en grume le mètre cube mesuré, équarris (chêne).	3	50		
	357	— id. en bois blanc	2	50		

CHAPITRE VIII.

COUVERTURE.

§ 1ᵉʳ. — *Ardoises.*

	N°· d'ordre.	NATURE DES OUVRAGES.	fr.	c.	fr.	c.
Ardoises neuves.	358	Le mètre carré de couverture neuve sur volige neuve presque jointive.	3	75		
	359	— sur vieilles voliges reclouées en totalité	3	20		
	360	— sur vieilles voliges non reclouées.	3	»		
id. remaniées.	361	— de remanié à bout de couvertures en vieilles ardoises sur voliges neuves..	2	»		
	362	— sur vieilles voliges reclouées en totalité.. . . .	1	25		
	363	— sur vieilles voliges non reclouées.	1	05		
	364	— de voligeage neuf presque jointif	»	70		
Batellements.	365	Le mètre courant de batellement d'une ardoise neuve	»	50		
	366	— id. en remaniement	»	25		
Arêtiers.	367	— d'arêtiers en ardoises neuves..	»	75		
	368	— id. sur ardoises remaniées	»	35		
Tranchis.	369	— de tranchis sur ardoises neuves	»	30		
	370	— id. sur ardoises remaniées	»	10		
Ardoises en recherche.	371	Chaque ardoise neuve posée en recherche, y compris émoussage de la couverture..	»	12		
	372	— de vieilles, y compris émoussage.	»	06		
Démolition.	373	Le mètre carré de démolition de couverture en ardoise	»	15		

§ 2. — *Tuiles.*

	N°· d'ordre.	NATURE DES OUVRAGES.	fr.	c.	fr.	c.
Tuiles neuves.	374	Le mètre carré de couverture en tuile neuve sur lattis neuf..	3	25		
	375	— sur vieux lattis recloués en totalité	2	75		
	376	— sur vieux lattis non recloué.	2	60		
Tuiles remaniées.	377	Le mètre carré de remanié à bout de couverture en vieilles tuiles, sur lattis neuf, y compris émoussage de la tuile	»	80		
	378	— sur vieux lattis recloué en totalité..	»	60		
	379	— sur vieux lattis non recloué.	»	40		
Arêtiers.	380	Le mètre courant d'arêtier neuf en tuiles arêtières. .	3	30		
	381	— id. en remaniement.	»	40		
Noues.	382	— de noues en tuiles creuses et neuves	3	40		
	383	— id. en tuiles creuses remaniées	»	40		
Batellements.	384	— de batellement de tuiles neuves	»	40		
	385	— id. en tuiles remaniées.	»	20		

COUVERTURE.

N.º d'ordre.	NATURE DES OUVRAGES.	PRIX.			
		1853.		185 .	
		fr.	c.	fr.	c.
386	Le mètre d'égoût de deux pièces en tuiles neuves. .	1	»		
387	— id. en remaniement.	»	60		
388	— id. en trois pièces en tuiles neuves.	1	70		
389	— id. en remaniement.	1	10		
390	— id. de quatre pièces en tuiles neuves	2	»		
391	— id. en remaniement.	1	20		
392	— de faîtage en tuiles faîtières neuves y compris crêtes et embarrures.	2	»		
393	— id. en remaniement	1	»		
394	Chaque tuile neuve posée en recherche, y compris émoussage de la couverture	»	05		
395	— id. de vieille posée en recherche, y compris émoussage	»	02		
396	Le mètre carré de démolition de couverture en tuile.	»	10		
397	Chaque trou de service.	»	50		
	§ 3. — *Mortiers et vues de faîtières.*				
398	Le mètre courant de solins et ruellées, sur neuf ou vieux, soit sur tuile, soit sur ardoise	»	25		
399	— d'un rang de vieilles tuiles scellées en mortier .	»	25		
400	— de scellements de faîtages non remués et de crêtes et embarrures	»	60		
401	Chaque tête de minime ou vue de faîtière en terre cuite plombée, y compris pose.	4	»		
	§ 4. — *Matériaux rendus à pied-d'œuvre et heures.*				
402	Le millier de tuiles neuves	28	»		
403	— d'ardoises neuves, dites grandes carrées, fortes.	50	»		
404	Chaque tuile arêtière neuve	»	15		
405	— tuiles creuses pour noues.	»	30		
406	— tuile faîtière.	»	35		
407	— tête de minime plombée	3	30		
408	Le mètre carré de volige	»	50		
409	Le kilogramme de clou à ardoise	2	»		
	Nota. *Voir pour la chaux, le ciment, la latte et le clou d'épingle, à l'article de la maçonnerie.*				
410	L'heure d'un couvreur	»	21		
411	— d'un manœuvre très-fort ou apprenti	»	13		
412	— d'un petit manœuvre	»	10		
	CHAPITRE IX.				
	PLOMBERIE, FERBLANTERIE ET FONTAINERIE.				
413	Le kilogramme de plomb coulé ou laminé pour toutes espèces d'ouvrages, travaillé et posé, mais la soudure pesée et payée à part.	»	80		
414	— id. employé, soudure comprise.	»	85		

Égouts.

Faîtages.

Tuiles en recherche.

Démolition.

Heures.

Plomb.

PLOMBERIE.

N.º d'ordre.	NATURE DES OUVRAGES.	PRIX.			
		1853.		185 .	
		fr.	c.	fr.	c.
415	Il sera accordé à l'entrepreneur, pour la refonte des vieux plombs, 4 p. % de déchet ; plus, par kilogramme du poids, après la refonte, y compris déposé.	»	15		
416	La main-d'œuvre et la pose d'un kilogramme de vieux plomb, soudure pesée et payée à part . . .	»	05		
417	Le kilogramme de soudure fine pour zinc, y compris l'emploi ou main-d'œuvre pour l'employer . . .	2	»		
418	— de soudure ordinaire pour plomb, aussi y compris l'emploi	1	50		
419	Le kilogramme de vieille soudure appartenant à la ville, pour l'emploi ou main-d'œuvre seulement .	»	60		
420	Chaque nœud de soudure sur tuyaux de 54 millim. de diamètre	4	»		
421	— sur tuyaux de 4 centimètres	3	»		
422	— sur tuyaux de 27 millimètres	2	50		
423	Le kilogramme de zinc employé pour tous ouvrages de couverture, y compris pose et soudure. . . .	1	»		
424	— id. pour menus ouvrages et tuyaux.	1	10		
425	— de fer-blanc double tout soudé, employé en gouttières, tuyaux et ouvrages analogues.	14	»		
426	— de tôle galvanisée pour tous ouvrages, y compris soudure	1	50		
427	Le mètre courant de corps de pompe en bois d'orme, de bonne qualité, non compris pose	10	»		
428	Le kilogramme de cuivre jaune pour corps de pompes, cylindres et robinets de plus de 27 millim. de tête, bien tournés, fondus suivant les modèles, non compris pose et soudure pour icelle.	4	50		
429	— de cuivre rouge pour tuyaux d'aspiration et récipients non posés.	6	»		
430	Chaque clapet en plomb, garni de son cuir, mis en place	4	»		
431	— id. en cuivre, garni de son cuir, mis en place .	6	»		
432	Chaque piston en bois, garni de son cuir, fretté en cuivre, soupape en plomb allié de zinc.	11	»		
433	— id. en cuivre, bien garni et fretté en cuivre . .	14	»		
434	Réparation de piston, garniture complète et soupape remplacée	6	50		
435	Garniture extérieure en cuir d'un piston	2	30		
436	Chaque rondelle en cuir gras, jusqu'à 10 centim. de diamètre.	»	40		
437	— id. de 11 à 13 cent. de diamètre	»	60		
438	— id. de 14 à 16 id.	»	80		
439	— id. de 17 à 19 id.	»	90		
440	Chaque robinet à tête, de 27 millim., compris soudure sur place	10	»		
441	— à tête de 2 centim.	8	»		
442	— à tête de 14 millim.	5	50		

N°s d'ordre.	NATURE DES OUVRAGES.	PRIX. 1853. fr.	c.	185 . fr.	c.
443	Le prix de chaque robinet augmentera d'un quart s'il est à col de cygne	»	»		
444	Soupapes. Chaque soupape de 27 millimèt.	4	»		
445	— de 4 centim.	6	»		
446	— de 54 millim.	8	»		
447	— de 8 centim.	13	»		
448	Démontage et remontage d'une pompe pour réparation.	2	»		
	Nota. *Pour les fontes, le fer, les colliers et les vis, voir à la Serrurerie.*				
449	Le kilogramme de mastic de fontaine ou de mastic de Dyle en œuvre	»	80		
450	— de même mastic sans œuvre	»	60		
451	Heures. L'heure d'un plombier-fontainier	»	34		
452	— d'un aide	»	17		

CHAPITRE X.

MENUISERIE.

Cloisons, planchers simples, tablettes, lambris pleins et ouvrages analogues.

N°s d'ordre.	NATURE DES OUVRAGES.	Chêne. 1853. fr.	c.	185 . fr.	c.	Sapin. 1853. fr.	c.	185 . fr.	c.	Tremble ou peuplier. 1853. fr.	c.	185 . fr.	c.
453	Le mètre carré de cloisons à claire-voie en bois brut de 0 m 027 m d'épaisseur, tant plein que vide	2	»			1	25			1	»		
454	— de mêmes cloisons à façon.	»	50			»	40			»	40		
455	Le mètre carré de cloisons, planchers simples, lambris pleins, tablettes et ouvrages semblables, en bois de 27 millimètres d'épaisseur, brut, dressé sur les rives et coupé de longueur.	5	»			3	»			2	50		
456	— de même menuiserie, mais joints à languettes et rainures, et collées au besoin. . . .	5	60			3	50			2	90		
457	— de pareille menuiserie en bois de 34 millimètres d'épaisseur, brut, dressé sur les rives et coupé de longueur. . .	5	75			3	70			3	»		
458	— de même menuiserie, mais joints à languettes et rainures	6	40			4	25			3	45		
459	— de pareille menuiserie en bois de 2 centimètres d'épaisseur, brut, dressé sur les rives et coupé de longueur. . .	4	50			2	60			2	20		
460	— de même menuiserie, mais joints à languettes et rainures.	5	05			3	05			2	55		

MENUISERIE.

N° d'ordre.	NATURE DES OUVRAGES.	Chêne. 1853		185 .		Sapin. 1853.		185 .		Tremble ou peuplier. 1853.		185 .	
		fr.	c.	fr.	c.	fr.	c.	fr.	c.	fr.	c.	fr.	c.
461	Le mètre de pareille menuiserie en bois brut, de 14 millimètres d'épaisseur, dressé sur les rives et coupé de longueur . . .	4	»			2	25			1	90		
462	— de pareille menuiserie, mais joints à languettes et rainures	4	50			2	60			2	20		
463	Lorsque l'un des parements sera travaillé, le prix sera augmenté de.	»	40			»	30			»	25		
464	Lorsque les deux parements seront travaillés, le prix du mètre augmentera de. . .	»	70			»	50			»	40		
465	L'augmentation de 7 millimètres d'épaisseur au delà de 34 millimètres, augmentera le prix du mètre de chacune des menuiseries ci-dessus de. .	»	75			»	70			»	60		
466	— de 14 millimètres augmentera le prix du mètre de. . .	1	40			1	30			1	20		
467	— de 21 millimètres, augmentera le prix du mètre de. .	2	»			1	80			1	40		
468	Le mètre carré de portes pleines, contrevents et ouvrages semblables en bois, de 27 millimètres d'épaisseur, travaillés sur les deux parements; emboîtés à chaque bout avec clés dans les joints, ou barres à queue collées.	9	»			7	50			6	»		
469	— de 34 millimètres d'épaisseur.	10	»			7	75			6	50		
470	— de 4 centimètres d'épaisseur.	11	25			8	50			7	25		
471	— de 47 millimètres d'épaisseur.	12	50			9	25			8	»		
472	— de 54 millimètres d'épaisseur.	14	»			10	50			8	75		
473	— de 2 centimètres d'épaisseur.	7	50			5	15			4	10		
474	— de 14 millimètres d'épaisseur.	5	50			3	80			3	25		
475	Lorsque cette menuiserie sera faite en frises d'environ 11 centimètres de largeur, avec moulures sur les joints, le prix du mètre sera augmenté de .	1	»			»	60			»	50		
476	Lorsque cette menuiserie, sans être de frises, aura des doucines poussées sur les joints, le prix du mètre sera augmenté de.	»	40			»	30			»	25		
477	Les menuiseries en bois blanc et en sapin ci-dessus, seront toujours emboîtées et embarrées ou clevetées en chêne. .	»	»			»	»			»	»		

Portes pleines.

MENUISERIE.

<table>
<tr><td rowspan="3">N°
d'ordre.</td><td rowspan="3">NATURE DES OUVRAGES.</td><td colspan="12">PRIX.</td></tr>
<tr><td colspan="4">Chêne.</td><td colspan="4">Sapin.</td><td colspan="4">Tremble
ou peuplier.</td></tr>
<tr><td colspan="2">1853.</td><td colspan="2">185 .</td><td colspan="2">1853.</td><td colspan="2">185 .</td><td colspan="2">1853.</td><td colspan="2">185 .</td></tr>
<tr><td></td><td></td><td>fr.</td><td>c.</td><td>fr.</td><td>c.</td><td>fr.</td><td>c.</td><td>fr.</td><td>c.</td><td>fr.</td><td>c.</td><td>fr.</td><td>c.</td></tr>
<tr><td>478</td><td>Le mètre carré de plancher en frises de 11 centimètres de largeur en bois de 27 millimètres d'épaisseur , rainé , travaillé au parement supérieur et posé à joints chevauchés, lame par lame, sans symétrie.</td><td>7</td><td>50</td><td></td><td></td><td>4</td><td>50</td><td></td><td></td><td>3</td><td>50</td><td></td><td></td></tr>
<tr><td>479</td><td>— de même plancher, mais de 34 millimètres d'épaisseur.</td><td>8</td><td>50</td><td></td><td></td><td>5</td><td>25</td><td></td><td></td><td>4</td><td>20</td><td></td><td></td></tr>
<tr><td>480</td><td>Lorsque l'une ou l'autre de ces espèces de plancher sera à joints chevauchés symétriquement le prix du mètre sera augmenté de.</td><td>»</td><td>50</td><td></td><td></td><td>»</td><td>40</td><td></td><td></td><td>»</td><td>30</td><td></td><td></td></tr>
<tr><td>481</td><td>Le mètre carré de parquet en points de Hongrie, dit à fougères ou à bâtons rompus, en lames d'un décimètre de largeur, bois de 27 millimètres d'épaisseur, rainé, bien travaillé et replani sur son parement.</td><td>10</td><td>»</td><td></td><td></td><td>6</td><td>50</td><td></td><td></td><td>5</td><td>»</td><td></td><td></td></tr>
<tr><td>482</td><td>— de même parquet de 34 millimètres d'épaisseur.</td><td>11</td><td>50</td><td></td><td></td><td>7</td><td>25</td><td></td><td></td><td>6</td><td>»</td><td></td><td></td></tr>
<tr><td>483</td><td>— de parquet en feuilles, les bâtis de 34 millimètres d'épaisseur.</td><td>13</td><td>»</td><td></td><td></td><td>»</td><td>»</td><td></td><td></td><td>»</td><td>»</td><td></td><td></td></tr>
<tr><td>484</td><td>— de même parquet, bâtis de 4 centimètres d'épaisseur.</td><td>14</td><td>»</td><td></td><td></td><td>»</td><td>»</td><td></td><td></td><td>»</td><td>»</td><td></td><td></td></tr>
<tr><td>485</td><td>Le mètre carré de limons d'escalier droit, dit de meunier, bois brut, seulement dressé sur les rives, et entaillé pour les marches , de 34 millimètres d'épaisseur.</td><td>8</td><td>»</td><td></td><td></td><td>5</td><td>25</td><td></td><td></td><td>4</td><td>»</td><td></td><td></td></tr>
<tr><td>486</td><td>— de mêmes limons, mais de 4 centimètres d'épaisseur.</td><td>9</td><td>50</td><td></td><td></td><td>6</td><td>»</td><td></td><td></td><td>5</td><td>»</td><td></td><td></td></tr>
<tr><td>487</td><td>— de mêmes limons, de 47 millimètres d'épaisseur.</td><td>10</td><td>50</td><td></td><td></td><td>7</td><td>»</td><td></td><td></td><td>6</td><td>»</td><td></td><td></td></tr>
<tr><td>488</td><td>— de mêmes limons, de 54 millimètres d'épaisseur.</td><td>12</td><td>»</td><td></td><td></td><td>7</td><td>80</td><td></td><td></td><td>7</td><td>»</td><td></td><td></td></tr>
<tr><td>489</td><td>Lorsqu'une des espèces de limons ci-dessus sera travaillée sur tous les parements, le prix du mètre sera augmenté de.</td><td>1</td><td>»</td><td></td><td></td><td>»</td><td>70</td><td></td><td></td><td>»</td><td>70</td><td></td><td></td></tr>
</table>

Planchers en frises et parquets.

Escaliers.

MENUISERIE.

N.º d'ordre.	NATURE DES OUVRAGES.	PRIX.											
		Chêne.				Sapin.				Tremble ou peuplier.			
		1853.		185 .		1853.		185 .		1853.		185 .	
		fr.	c.	fr.	c.	fr.	c.	fr.	c.	fr.	c.	fr.	c.
490	Lorsque l'escalier, au lieu d'être droit, sera à quartier tournant, ne nécessitant cependant que des limons droits, le prix du mètre carré des limons sera augmenté de. .	3	»			2	25			»	»		
491	Lorsque l'escalier, au lieu d'être droit, sera sur plan circulaire ou elliptique, en tout ou partie, c'est-à-dire de manière à nécessiter des limons cintrés, le mètre de ces limons cintrés, sera indépendamment du bois abattu pour l'évidement qui sera payé comme bois de charpente à vives arêtes, augmenté de.	5	»			»	»			»	»		
	Nota. — *Il est entendu que dans ce dernier escalier, les limons droits, s'il en entre, seront payés comme aux n.ᵒˢ précédents.*												
492	Les marches et contremarches d'escaliers droits seront assimilées aux planchers simples, et payées au même prix qu'eux.												
493	Celles d'escalier à quartier tournant ou sur plan elliptique portant astragale, seront assimilées aux portes pleines et payées au même prix qu'elles.												
494	Le mètre courant de main courante en noyer ou en merisier, élégie et bien traitée, polie et vernie en parties droites. . .	3	»			»	»			»	»		
495	— en parties courbes. . . .	8	»			»	»			»	»		
496	Le mètre carré de lambris, volets ou portes d'assemblage, à petit cadre, à glace ou à tables saillantes, brut au derrière, bâtis de 27 millimètres, et panneaux de 14 millimètres d'épaisseur..	7	50			5	»			4	50		
497	— de pareils lambris, mais les bâtis de 34 millimètres et les panneaux toujours de 14 millimètres d'épaisseur. . .	8	»			5	40			4	80		

Lambris, volets ou portes d'assemblage à petit cadre, à glace ou à tables saillantes.

MENUISERIE.

Bâtis en chêne et panneaux en bois blanc.

Travail au double parement.

Grands cadres.

Croisées.

N° d'ordre.	NATURE DES OUVRAGES.	PRIX.					
		Chêne.		Sapin.		Tremble ou peuplier.	
		1853.	185 .	1853.	185 .	1853.	185 .
		fr. c.	fr. c.	fr. c.	fr. c.	fr. c.	fr. c.
498	Le mètre carré de pareils lambris, mais les bâtis de 34 millimètres et les panneaux de 2 centimètres d'épaisseur. . .	9 »		6 »		5 40	
499	— de pareils, mais les bâtis de 4 centimètres, et les panneaux de 2 centimètres d'épaisseur.	9 50		6 40		5 70	
500	— de pareils, mais les bâtis de 47 millimètres d'épaisseur, et et les panneaux de 27 millimètres.	11 50		» »		» »	
501	— de pareils, mais les bâtis de 54 millimètres et les panneaux de 27 millimètres d'épaisseur.	12 »		» »		» »	
502	— de pareils, mais les bâtis de 54 millimètres et les panneaux de 34 millimètres d'épaisseur.	13 50		» »		» »	

N° d'ordre.	NATURE DES OUVRAGES.	1853.		185 .	
		fr.	c.	fr.	c.
503	Lorsqu'une des espèces de menuiserie de sapin, de tremble ou de peuplier ci-dessus aura ses bâtis en chêne, le prix sera augmenté de 25 p. %.				
504	Lorsqu'une des espèces de menuiserie ci-dessus sera arasée ou blanchie au double parement, le prix du mètre sera augmenté de 10 p. %.				
505	— l'une des espèces de menuiserie ci-dessus sera à double parement, le prix sera augmenté de 20 p. %.				
506	— id. de menuiserie ci-dessus sera à grands cadres embreuvés, le prix du mètre sera augmenté sur chaque parement de 15 p. %.				
507	— id. de menuiserie ci-dessus sera à grands cadres ravalés, le prix du mètre sera, aussi sur chaque parement, augmenté de 25 p. %.				
508	Le mètre carré de croisée à grands carreaux, à un ou deux dormants de 4 centimètres, portant pièces d'appui plus fortes et chassis à verre de 27 millimètres d'épaisseur.	8	50		
509	— de pareille croisée, mais les dormants de 47 millimètres d'épaisseur et le chassis à verre de 34 millimètres	9	50		
510	— id., mais les dormants de 54 millimètres et le chassis à verre de 4 centimètres d'épaisseur . . .	10	50		
511	— id., mais les dormants de 6 centimètres et le chassis à verre de 47 millimètres d'épaisseur . .	12	»		
512	Lorsque ces croisées seront à petits bois, le prix du mètre sera augmenté de.	1	»		
513	Lorsqu'elles seront dormantes ou sans chassis dormants, le prix du mètre sera diminué de. . . .	1	. 50		

MENUISERIE.

N°. d'ordre.	NATURE DES OUVRAGES.	PRIX.	
		1853.	185 .
		fr. c.	fr. c.
	NOTA. — *Les chassis dormants pour devantures de magasins, cloisons vitrées et pour serres seront payés, non comme croisées, mais au mètre linéaire de bâtis qui y seront employés.*		
514	Le mètre carré de persienne, chassis de 34 millimètres et lames de 14 millimètres d'épaisseur . .	10 »	
515	— de persiennes, chassis de 4 centimètres et lames de 2 centimètres d'épaisseur	12 »	
516	Les contrevents-persiennes et les portes vitrées seront payées comme portes d'assemblage, les portes vitrées, sans plus-value, et les contrevents-persiennes avec plus-value de 10 p. %.		

Persiennes. (nos 514–516)

N°. d'ordre.	NATURE DES OUVRAGES.	Chêne.		Sapin.		Tremble ou peuplier.	
		1853.	185 .	1853.	185 .	1853.	185 .
		fr. c.	fr. c.	fr. c.	fr. c.	fr. c.	fr. c.
517	Le mètre carré de parquet de glace ou doublures d'armoires, d'assemblage bâtis de 27 millimètres et panneaux de 14 millimètres d'épaisseur. . .	6 50		4 50		4 »	
518	— de pareil parquet, mais les bâtis de 34 millimètres d'épaisseur.	7 25		5 »		4 50	
519	Lorsqu'une des espèces de parquet ou doublures d'armoires en sapin, tremble ou peuplier ci-dessus aura des bâtis en chêne, le prix du mètre sera augmenté de 25 p. %. .						
520	Le mètre courant de bâtis de portes cochères et d'ouvrages analogues de 25 centimètres sur 10 centimètres d'épaisseur.	5 70		» »		» »	
521	— id. de 27 centimètres de largeur sur même épaisseur.	6 35		» »		» »	
522	— id. de 30 centimètres de largeur sur même épaisseur.	7 »		» »		» »	
523	— id. de 25 centimètres de largeur sur 9 centimètres d'épaisseur.	5 15		» »		» »	
524	— id. de 27 centimètres de largeur sur même épaisseur.	5 70		» »		» »	
525	— id. de 30 centimètres de largeur sur même épaisseur.	6 20		» »		» »	
526	— id. de 25 centimètres de largeur sur 8 centimètres d'épaisseur.	4 50		» »		» »	

Parquets de glaces ou doublures d'armoires d'assemblages. (nos 517–519)

Bâtis de portes-cochères. (nos 520–526)

MENUISERIE.

N° d'ordre.	NATURE DES OUVRAGES.	Chêne.				Sapin.				Tremble ou peuplier.			
		1853.		185 .		1853.		185 .		1853.		185 .	
		fr.	c.	fr.	c.	fr.	c.	fr.	c.	fr.	c.	fr.	c.
527	Le mètre courant de bâtis de portes cochères et d'ouvrages analogues de 27 centimètres de largeur sur 8 centimètres d'épaisseur	4	95			»	»			»	»		
528	— id. de 30 centimètres de largeur sur même épaisseur .	5	40			»	»			»	»		
529	— id. de 25 centimètres de largeur sur 67 millimètres d'épaisseur	3	55			»	»			»	»		
530	— id. de 27 centimètres de largeur sur même épaisseur .	3	90			»	»			»	»		
531	— id. de 30 centimètres de largeur sur même épaisseur .	4	25			»	»			»	»		
532	— id. de 20 centimètres de largeur sur 54 millimètres d'épaisseur :	2	15			»	»			»	»		
533	— id. de 22 centimètres de largeur sur même épaisseur .	2	35			»	»			»	»		
534	— id. de 24 centimètres de largeur sur même épaisseur .	2	50			»	»			»	»		
535	— id. de 11 centimètres de largeur sur 41 à 47 milli- mètres d'épaisseur. . . .	»	90			»	»			»	»		
536	— id. de 13 centimètres de largeur sur même épaisseur .	1	15			»	»			»	»		
537	— id. de 15 centimètres de largeur sur même épaisseur .	1	35			»	»			»	»		
538	— id. de 17 centimètres de largeur sur même épaisseur .	1	55			»	»			»	»		
539	— id. de 20 centimètres de largeur sur même épaisseur .	1	75			»	»			»	»		
540	Le mètre courant de poteaux de remplissage , huisseries de baies et ouvrages analogues, assemblés à tenons et mortaises et quarderonnés de 8 à 10 centimètres de grosseur, bien travaillés sur toutes les faces.	1	75			1	25			»	»		
541	— de lambourdes de parquets et ouvrages analogues, en bois brut de 8 à 10 centimètres de grosseur, dressées sur le parement supérieur seulement et assemblées à tenons et à mortaises, s'il y a lieu. . . .	1	20			»	»			»	»		
542	— de mêmes lambourdes de 6 à 8 centimètres de grosseur.	»	90			»	»			»	»		

MENUISERIE.

N° d'ordre.	NATURE DES OUVRAGES.	Chêne.				Sapin.				Tremble ou peuplier.			
		1853.		185 .		1853.		185 .		1853.		185 .	
		fr.	c.	fr.	c.	fr.	c.	fr.	c.	fr.	c.	fr.	c.
543	Le mètre courant de bâtis pour cloisons en briques de champ et ouvrages analogues de 47 millimètres d'épaisseur sur 8 centimètres de largeur. . .	»	80			»	60			»	»		
544	— de mêmes bâtis pour cloisons en briques de champ et ouvrages analogues, mais de 8 à 12 centimètres de largeur.	1	»			»	80			»	»		
545	— id. de 54 millimètres d'épaisseur sur 8 centimètres de largeur.	1	»			»	80			»	»		
546	— id. de 8 à 12 centimètres de largeur	1	25			1	»			»	»		
547	— id. de 68 millimètres d'épaisseur sur 8 centimètres de largeur.	1	25			1	20			»	»		
548	— id. de 8 à 12 centimètres de largeur	1	50			1	20			»	»		
549	— id. de 12 à 15 centimètres de largeur	1	75			1	40			»	»		
550	Tous les bâtis au-delà de 15 centimètres de largeur seront payés dans la proportion des prix ci-dessus.												
551	— Les bâtis de 8 centimètres d'épaisseur seront payés 15 pour % de plus que ceux de 68 millimètres.												
552	Le mètre courant de bâtis, placards ou chambranles unis, barreaux, barres, écharpes, coulisses, tasseaux, tringles et ouvrages analogues de 2 centimètres de largeur sur 2 centimètres d'épaisseur. . .	»	15			»	12			»	10		
553	— de même ouvrage, mais portant 27 millimètres de largeur.	»	20			»	15			»	12		
554	— de même ouvrage, mais portant 34 millimètres de largeur.	»	25			»	20			»	15		
555	— de même ouvrage, mais portant 4 centimètres de largeur.	»	30			»	25			»	18		
556	— de même ouvrage, mais portant 54 millimètres de largeur.	»	35			»	30			»	22		
557	— de même ouvrage, mais portant 68 millimètres de largeur.	»	40			»	35			»	25		
558	— de même ouvrage, mais portant 8 centimètres de largeur.	»	50			»	40			»	30		

Bâtis de cloisons en briques de champ et ouvrages analogues.

Bâtis, placards ou chambranles unis, barreaux, barres, coulisses, tasseaux, tringles et ouvrages analogues.

MENUISERIE.

N° d'ordre.	NATURE DES OUVRAGES.	Chêne. 1853.		185 .		Sapin. 1853		185 .		Tremble ou peuplier. 1853.		185 .	
		fr.	c.	fr.	c.	fr.	c.	fr.	c.	fr.	c.	fr.	c.
559	Le mètre courant de même ouvrage, mais portant 95 millimètres de largeur. . . .	»	60			»	50			»	35		
560	— de même ouvrage, mais portant 11 centimètres de largeur.	»	70			»	53			»	40		
561	— de même ouvrage, mais portant 122 millimètres de largeur	»	75			»	60			»	45		
562	— de même ouvrage, mais portant 135 millimètres de largeur	»	80			»	65			»	50		
563	— de même ouvrage, mais portant 15 centimètres de largeur	»	90			»	75			»	55		
564	— de même ouvrage, mais portant 163 millimètres de largeur	1	»			»	80			»	60		
565	Lorsque l'un de ces ouvrages aura 27 millimètres d'épaisseur, le prix augmentera de 30 p. %.												
566	— id. aura 34 millimètres d'épaisseur, le prix augmentera de 50 p. %.												
567	— id. aura 41 millimètres d'épaisseur, le prix augmentera de 60 p. %.												
568	— id. aura 47 millimètres d'épaisseur, le prix augmentera de 70 p. %.												
569	Lorsque l'un de ces ouvrages aura 54 millimètres d'épaisseur, le prix sera doublé.												
570	Lorsque l'un de ces ouvrages portera feuillures, rainures, doucines ou moulures simples, le prix du mètre sera augmenté de.	»	10			»	08			»	05		
571	Le mètre courant de chambranle élégi de moulures de 27 millimètres d'épaisseur sur 8 centimètres de largeur. . .	1	20			»	»			»	»		
572	— de pareil chambranle, mais de 95 millimètres de largeur.	1	35			»	»			»	»		
573	— de pareil chambranle, mais de 11 centimètres de largeur.	1	50			»	»			»	»		
574	— de pareil chambranle, mais de 122 millimètres de largeur.	1	65			»	»			»	»		
575	— de pareil chambranle, mais de 135 millimètres de largeur.	1	80			»	»			»	»		

MENUISERIE.

N° d'ordre.	NATURE DES OUVRAGES.	PRIX.											
		Chêne.				Sapin.				Tremble ou peuplier.			
		1853.		185 .		1853.		185 .		1853.		185 .	
		fr.	c.	fr.	c.	fr.	c.	fr.	c.	fr.	c.	fr.	c.
576	Le mètre courant de pareil chambranle , mais de 149 millimètres de largeur. . .	1	95			»	»			»	»		
577	— de pareil chambranle, mais de 163 millimètres de largeur.	2	10			»	»			»	»		
578	Lorsque l'un de ces ouvrages aura 34 millimètres d'épaisseur, le prix du mètre sera augmenté de 20 p. %.												
579	Lorsque l'un de ces chambranles aura 41 millimètres d'épaisseur, le prix du mètre sera augmenté de 35 p. %.												
580	Lorsque l'un de ces chambranles aura 47 millimètres d'épaisseur, le prix du mètre sera augmenté de 50 p. %.												
581	Lorsque l'un de ces chambranles aura 54 millimètres d'épaisseur, le prix du mètre sera augmenté de 60 p. %.												
582	Le mètre courant de corniche volante de 8 centimètres de profil sur 27 millimètres d'épaisseur.	1	»			»	80			»	60		
583	— de pareille corniche, mais de 11 centimètres de profil. .	1	20			»	90			»	75		
584	— id. de 14 centimètres de profil.	1	50			1	10			»	90		
585	— id. de 17 centimètres de profil.	1	80			1	35			1	10		
586	— id. de 19 centimètres de profil.	2	10			1	50			1	20		
587	— id. de 22 centimètres de profil.	2	50			1	80			1	35		
588	Lorsqu'une des corniches ci-dessus aura 34 millimètres d'épaisseur, le prix du mètre augmentera de 20 p. %.												
589	— id. aura 41 millimètres d'épaisseur, le prix du mètre augmentera de 30 p. %.												
590	— id. aura 47 millimètres d'épaisseur, le prix du mètre augmentera de 40 p. %.												
591	— id. aura 54 millimètres d'épaisseur, le prix du mètre augmentera de 50 p. %.												
592	Le mètre courant de bordures, moulures, corniches massives et faux cadres, de 14 millimètres d'épaisseur sur 27 millimètres de profil . . .	»	35			»	30			»	25		

Corniches volantes. (582)

Corniches massives, bordures, moulures et faux cadres. (592)

MENUISERIE.

N°. d'ordre.	NATURE DES OUVRAGES.	PRIX.											
		Chêne.				Sapin.				Tremble ou peuplier.			
		1853.		185 .		1853.		185 .		1853.		185 .	
		fr.	c.	fr.	c.	fr.	c.	fr.	c.	fr.	c.	fr.	c.
593	Le mètre courant de mêmes bordures et moulures, mais de 34 millimètres de profil. .	»	40			»	35			»	28		
594	— id. de 41 millimètres de profil.	»	45			»	40			»	30		
595	— id. de 47 millimètres de profil.	»	50			»	45			»	32		
596	— id. de 54 millimètres de profil.	»	55			»	48			»	35		
597	— id. de 68 millimètres de profil.	»	60			»	50			»	38		
598	Lorsque l'une des espèces de moulures ou bordures aura 20 millimètres d'épaisseur, le prix du mètre sera augmenté de 4 p. %.												
599	— id. 27 millimètres d'épaisseur, le prix du mètre sera augmenté de 10 p. %.												
600	— id. 34 millimètres d'épaisseur, le prix du mètre sera augmenté de 15 p. %.												
601	— id. aura 4 centimètres d'épaisseur, le prix sera augmenté de 20 p. %.												
602	— id. aura 47 millimètres d'épaisseur, le prix du mètre sera augmenté de 30 p. %.												
603	— id. aura 54 millimètres d'épaisseur, le prix du mètre sera augmenté de 50 p. %.												
604	Le mètre courant de plinthes et bandeaux de 14 millimètres d'épaisseur sur 8 centimètres de largeur	»	40			»	32			»	25		
605	— de plinthes et bandeaux de 11 centimètres de largeur. .	»	50			»	40			»	30		
606	— de même ouvrage, mais de 14 centimètres de largeur. .	»	60			»	48			»	35		
607	— id. mais de 17 centimètres de largeur	»	70			»	56			»	40		
608	Lorsque les plinthes auront 27 millimètres d'épaisseur, le prix du mètre sera augmenté de 25 p. %.												
609	Lorsqu'elles auront plus de 17 centimètres de hauteur, elles seront payées sur un prix proportionnel.												
610	Le mètre courant de cymaises de 14 millimètres d'épaisseur sur 27 millimètres de profil.	»	30			»	25			»	20		

Plinthes et bandeaux, (en regard du n° 604)

Cymaises. (en regard du n° 610)

MENUISERIE.

N° d'ordre.	NATURE DES OUVRAGES.	Chêne. 1853.		185 .		Sapin. 1853.		185 .		Tremble ou peuplier. 1853.		185 .	
		fr.	c.	fr.	c.	fr.	c.	fr.	c.	fr.	c.	fr.	c.
611	Le mètre courant de cymaises de 14 millimètres d'épaisseur sur 34 millimètres de profil.	»	35			»	30			»	23		
612	— id. de même épaisseur sur 4 centimètres de profil. . . .	»	40			»	35			»	25		
613	— id. sur 47 millimètres de profil	»	45			»	38			»	28		
614	— id. sur 54 millimètres de profil	»	50			»	40			»	30		
615	— id. sur 64 millimètres de profil	»	55			»	45			»	33		
616	— id. sur 68 millimètres de profil	»	60			»	48			»	35		
617	— id. sur 74 millimètres de profil	»	65			»	50			»	38		
618	— id. sur 80 millimètres de profil	»	70			»	55			»	40		
619	Lorsque l'une de ces espèces de cymaises aura 2 centimètres d'épaisseur, le prix du mètre sera augmenté de 4 p. %.												
620	— id. aura 27 millimètres d'épaisseur, le prix sera augmenté de 10 p. %.												
621	— id. aura 34 millimètres d'épaisseur, le prix sera augmenté de 15 p. %.												
622	— id. aura 4 centimètres d'épaisseur, le prix sera augmenté de 20 p. %.												
623	— id. aura 47 millimètres d'épaisseur, le prix sera augmenté de 30 p. %.												
624	— id. aura 54 millimètres d'épaisseur, le prix sera augmenté de 50 p. %.												
625	Le mètre courant de porte-crosses pour ratelier d'armes, de 40 à 54 millimètres d'épaisseur, élégis de forme pour les crosses , à 11 centimètres l'une de l'autre , de milieu en milieu, ces porte-crosses garnis d'une bordure unie de 14 millimètres sur le devant.	3	60			»	»			»	»		
626	— de porte-canons élégis d'entailles de 34 à 41 millimètres d'épaisseur	1	50			»	»			»	»		

Rateliers d'armes.

7

MENUISERIE.

N° d'ordre.		NATURE DES OUVRAGES.	Chêne. 1853.	Chêne. 185.	Sapin. 1853.	Sapin. 185.	Tremble ou peuplier. 1853.	Tremble ou peuplier. 185.
			fr. c.	fr. c.	fr. c.	fr. c.	fr. c.	fr. c.
627	*Porte-manteaux.*	Le mètre courant de porte-manteaux avec fortes chevilles à mantonnet espacées de 15 à 20 centimètres, la lambourde d'au moins 34 à 41 millimètres d'épaisseur.	2 25		» »		» »	
628		— de pareils porte-manteaux à pommes chantournées. . . .	3 50		» »		» »	
629		— de pareils porte-manteaux à pommes ou à rosettes tournées.	3 »		» »		» »	
630	*Chevilles.*	Chaque cheville à mantonnet en recherche.	» 25		» »		» »	
631		— cheville à pomme chantournée en recherche.	» 60		» »		» »	
632		— id. rosette en recherche . .	» 40		» »		» »	
633	*Crémaillères.*	Le mètre courant de crémaillères en bois de hêtre de 27 à 34 millimètres de grosseur. .	» 65		» »		» »	
634	*Goussets.*	Chaque gousset d'assemblage de 33 centimètres de hauteur sur 25 centimètres de saillie, avec écharpes en bois de 34 millimètres de grosseur.	» 75		» »		» »	
635		Chaque gousset chantourné de 22 centimètres sur 14, en bois de 27 millimètres d'épaisseur.	» 40		» 30		» 25	
636		— id. de même épaisseur sur 19 à 25 centimètres. . . .	» 50		» 40		» 30	
637		— id. de même épaisseur, sur 25 à 33 centimètres. . . .	» 60		» 50		» 40	
638		— id. de 33 à 40 centimètres sur 34 millimètres d'épaisseur.	1 »		» 80		» 70	

N° d'ordre.		NATURE DES OUVRAGES.	1853.	185.
639	*Dépose de vieilles menuiseries.*	Le mètre carré de vieilles menuiseries quelconques, portes et croisées déposées et emmagasinées avec soin	» 20	
640	*Retaille de vieilles menuiseries.*	— de vieilles menuiseries reposées sans retaille. . .	» 50	
641		— de bois unis, pour cloisons, tablettes, plancher et ouvrages analogues, coupé de longueur seulement et posé.	» 70	
642		— id. coupé de longueur et de largeur et posé. . .	» 90	
643		— id. coupé de longueur et de largeur, rainé à neuf, joint et posé	1 25	
644		— id. mais blanchi sur un parement.	1 90	
645		— id. mais blanchi sur les deux parements. . . .	2 10	
646		— de porte pleine, équarrie sur les champs et ajustée de mesure et reposée.	» 50	
647		— id. de plus déboîtée, coupée de longueur, remboîtée et reposée.	2 »	

MENUISERIE.

N° d'ordre.	NATURE DES OUVRAGES.	PRIX. 1853.		PRIX. 185 .	
		fr.	c.	fr.	c.
648	Le mètre carré de porte pleine, équarrie sur les champs, ajustée de mesure, reposée, rainée en partie, rejointe, remboîtée et reposée.	2	50		
649	— id. de plus les emboîtures refaites en vieux bois.	2	50		
650	— de vieux lambris d'assemblage équarris sur les champs, refeuillés, rainés, quarderonnés et reposés.	1	25		
651	— de mêmes lambris seulement équarris et posés. .	»	75		
652	— id. mais de plus retaillés dans leurs assemblages et panneaux rechevillés et reposés.	2	»		
653	— id. mais à grands cadres.	2	50		
654	Le mètre carré de vieux parquet, rainé, ajusté, reposé et replané	2	50		
655	— de vieilles croisées ou chassis vitrés équarris sur les champs, ajustés et reposés	1	»		
656	— de vieilles croisées à petits bois, déchevillés pour être mis à grands carreaux, rassemblés, rechevillés et posés.	1	60		
657	— de pareille croisée, mais de plus retaillée dans ses assemblages, dormants et chassis rassemblés et reposés	2	»		
658	L'heure d'un ouvrier menuisier.	»	25		

N° d'ordre.	NATURE DES OUVRAGES.	Chêne. 1853.		185 .		Sapin. 1853.		185 .		Tremble ou peuplier. 1853.		185 .	
		fr.	c.	fr.	c.	fr.	c.	fr.	c.	fr.	c.	fr.	c.
659	Le mètre carré de planches de 14 millimètres d'épaisseur, sèches.	2	30			1	45			1	05		
660	— id. de 2 centimètres d'épaisseur	2	80			1	80			1	25		
661	— id. de 27 millimètres d'épaisseur.	3	40			2	20			1	50		
662	— id. de 34 millimètres d'épaisseur.	4	15			2	60			1	75		
663	— id. de 4 centimètres d'épaisseur	5	»			3	»			2	»		
664	— id. de 47 millimètres d'épaisseur.	5	95			3	60			2	30		
665	— id. de 54 millimètres d'épaisseur.	7	»			4	20			2	70		
666	Le mètre carré de chêne flotté et provenant de la Champagne ou des Vosges, de 27 millimètres d'épaisseur, dit entre-voux	4	»			»	»			»	»		
667	— id. de 41 millimètres d'épaisseur, dit échantillon. . .	5	50			»	»			»	»		
668	— id. de 54 millimètres d'épaisseur, dit. doublette . . .	8	»			»	»			»	»		

MENUISERIE.

N° d'ordre.	NATURE DES OUVRAGES.	PRIX.					
		Chêne.		Sapin.		Tremble ou peuplier.	
		1853.	185 .	1853.	185 .	1853.	185 .
		fr. c.	fr. c.	fr. c.	fr. c.	fr. c.	fr. c.
669	Le mètre courant de chevrons de 8 à 10 centimètres de grosseur, et de limandes de 54 millimètres d'épaisseur sur 11 à 12 centimètres de largeur	» 90		» 60		» 50	

N° d'ordre.	NATURE DES OUVRAGES.	1853.		185 .	
		fr.	c.	fr.	c.
670	Le loyer du mètre linéaire de planches, chevrons, lambourdes, tasseaux, etc., pour estrades de fêtes publiques et ouvrages analogues, y compris pose et dépose et clous	»	12		
671	Le kilogramme de clou d'épingle ordinaire.	1	»		
672	— de même clou, mais au-dessous de 2 centimètres de longueur, dit clou fin	1	20		
673	Le mètre carré de trait de sciage de planche de chêne.	»	75		
674	— id. de planche de peuplier et autres bois blancs.	»	50		

CHAPITRE XI.

TREILLAGES D'ESPALIERS, BERCEAUX OU AUTRES, EN LATTES D'AU MOINS 8 MILLIMÈTRES D'ÉPAISSEUR.

N° d'ordre.	NATURE DES OUVRAGES.	Lattes dressées et planées.				Lattes brutes.			
		1853.		185 .		1853		185 .	
		fr.	c.	fr.	c.	fr.	c.	fr.	c.
675	Le mètre carré de treillage à mailles de 25 à 30 centimètres.	»	65			»	53		
676	— à mailles de 22 à 25 centimètres.	»	75			»	60		
677	— à mailles de 19 à 22 centimètres.	1	»			»	75		
678	— à mailles de 16 centimètres	1	30			1	»		
679	— à mailles de 14 centimètres.	1	50			1	20		
680	— à mailles de 11 centimètres	2	»			1	50		
681	— à mailles de 8 à 11 centimètres.	2	20			»	»		
682	— à mailles de 8 centimètres	2	50			»	»		
683	— à mailles de 5 à 8 centimètres	3	25			»	»		

N.°s d'ordre.	NATURE DES OUVRAGES.	PRIX. 1853. fr.	c.	PRIX. 185 . fr.	c.
	CHAPITRE XII.				
	SERRURERIE.				
	§ 1er. — *Ouvrages au poids.*				
684	Le kilogramme de gros fers de roche, pour chaînes, ancres, bandes de tremie, harpons, linteaux, barres d'appui de croisées sans plate-bande, barreaux de croisées sans traverses, et ouvrages semblables. .	»	60		
685	— de fer de toutes espèces, seulement coupé de longueur sans aucuns ouvrages de forge ou de lime.	»	50		
686	— de fer pour poteaux ou colonnes portant bases et chapiteaux.	»	70		
687	— de fer plat de roche pour étriers et ouvrages semblables	»	75		
688	— de même fer employé pour cintres et ouvrages semblables.	»	95		
689	— de fer pour barre d'appui de croisée portant plate-bande, demi-ronde ou estampée, et ouvrages analogues, tels que rampes de perrons, d'escaliers et de balcons.	1	»		
690	— de fer pour grilles dormantes et armatures de baies.	»	75		
691	— de fer pour grilles dormantes ou mobiles portant sommier haut et bas à congé, avec traverses intermédiaires, trous percés à froid	»	75		
692	— de fer pour grilles semblables, mais avec trous renflés et traverses à double congé.	1	»		
693	— de fer pour grilles de soupiraux et autres semblables ouvrant sur un châssis dormant, pour colliers, supports de gouttières et ouvrages analogues.	1	10		
694	Lorsque les grilles seront garnies de panneaux en tôle et porteront des ornements en fonte, ces panneaux et ornements seront payés à leurs prix propres.				
695	Le kilogramme de fer pour équerres, pentures, pivots et grosses espagnolettes de portes, bien faits, dressés et blanchis.	1	40		
696	— de fer pour mêmes ouvrages, moins soignés, c'est-à-dire non parés ni blanchis	1	10		
697	— de tôle à portes cochères, pour garniture de grandes portes, les vis comptées à part.	1	20		
698	— de fer pour pentures à charnières, de volets de boutiques, en fer très-doux	1	90		
699	— de fer pour boulons soit à clavette, soit à écrou, soit ronds, soit carrés, de 14 millim. de diamètre ou de côté.	1	20		
700	— de mêmes boulons, mais de 18 millimètres. . .	1	10		
701	— de mêmes boulons, mais de 22 millimètres et au-dessus	1	»		
702	— de chevilles de charpentier de façon en fer très-doux	1	10		

Gros fers, grilles et armatures de pompes,

Pentures, Équerres, Pivots et grosses espagnolettes.

Boulons,

Chevilles,

QUINCAILLERIE.

Nᵒˢ d'ordre.	NATURE DES OUVRAGES.	PRIX.			
		1853.		185 .	
		fr.	c.	fr.	c.
	Fontes.				
703	Le kilogramme de fonte pour gargouille de trottoir, y compris pose et entaille dans la bordure, plaques d'égouts gaufrées et plaques de cheminées. . . .	»	38		
704	— de fonte pour tuyaux de conduite, éprouvés au besoin, et garnitures de poëles.	»	42		
705	— de fonte pour colonnes pleines.	»	36		
706	— de fonte pour colonnes creuses	»	55		
707	— de fonte pour ornements, de modèles simples, pour grilles, rampes, etc	»	60		
708	— de fonte pour ornements de modèles plus riches.	»	80		
709	— de fonte pour ornements de modèles très-riches.	1	»		
710	— de vieux plomb et de souffre pour scellements, avec emploi.	»	60		
711	— de grains de fer pour mêmes ouvrages	»	35		

§ 2. — Quincaillerie.

A.

Nᵒˢ d'ordre.	NATURE DES OUVRAGES.	1853 fr.	1853 c.	185 fr.	185 c.
712	Chaque agrafe ou contre-panneton d'espagnolette évidé.	»	75		
713	— anneau pour mangeoire d'écurie ou lacet à vis, à écrou ou à scellement, de 8 à 11 centimètres de diamètre.	»	80		
714	— arrêt de contrevents et persiennes, à pointe ou à scellement, avec chaînette et clavette et d'arrêts à contre-poids	»	85		
715	— arrêt à volutes et à ressort	1	20		
716	— id. à poignée ou à anneau, avec mantonnet à ressort et gâche scellée.	1	20		

B.

Nᵒˢ d'ordre	NATURE DES OUVRAGES	1853 fr.	1853 c.	185 fr.	185 c.
717	Le mètre courant de bascule ou verrou pour serrure, tige polie, platine de 54 millimètres de largeur .	2	25		
718	Chaque battement de contrevent ou persienne à pointe ou à scellement.	»	35		
719	— broche en fer de 8 centimètres.	»	05		
720	— id. de 11 centimètres.	»	08		
721	— id. de 14 centimètres	»	10		
722	— broche à loqueteau, pour fermeture de contrevents ou persiennes.	»	30		
723	— petit boulon dit clou à vis, pour pentures de petites portes, ou clou de façon rivé à tête ronde, pour mêmes ouvrages.	»	10		
724	— boulon ou clou de façon pareil, mais pour pentures de portes cochères et autres ouvrages . . .	»	20		
725	— bouton double en cuivre, dit ovale nᵒ 3. . . .	1	60		
726	— bouton dit antique nᵒ 2	1	30		
727	— bouton à boîte d'horloge en cuivre, modèle nᵒ 6.	»	80		
728	— bouton à modèle nᵒ 3	»	60		
729	— bouton rond à écrou et rosette en fonte de 54 millimètres de diamètre.	1	40		

Marginal labels (left of the table):
Fontes.
Vieux plomb et souffre pour scellements.
Agrafes.
Anneaux.
Arrêts.
Bascules.
Battements.
Broches.
Boulons.
Boutons.

QUINCAILLERIE.

N.° d'ordre.	NATURE DES OUVRAGES.	PRIX.			
		1853.		185 .	
		fr.	c.	fr.	c.
730	Chaque bouton rond à écrou et rosette en fonte de 7 centimètres de diamètre. . . , ...	1	70		
731	— bouton double en cristal à rosace , beau modèle.	2	50		
732	— briquet à un nœud de 11 centimètres pour fourrures de portes légères	1	50		
733	— briquet à deux nœuds de 16 centimètres. . . .	2	.50		
	Voir, pour les briquets plus forts, au mot Pivot.				
	C.				
734	Chaque cadenas en chiffre renforcé de 4 centimètres de largeur, avec ses pitons.	1	10		
735	— id. mais de 54 millimètres	1	50		
736	— id. de 8 centimètres.	2	25		
737	— charnière carrée ou longue en feuillure, renforcée de 54 millimètres de hauteur, toute posée et vis comprises	»	50		
738	— charnière pareille, mais de 8 centimètres. . . .	»	60		
739	— id. mais de 11 centimètres	»	90		
740	Lorsque les charnières seront à broches tournées, le prix sera augmenté de	»	10		
741	Lorsqu'elles seront en cuivre, leur prix sera augmenté de 50 p. %.				
742	Chaque charnière à deux branches, renforcée , fer blanchi de 33 centimètres de longueur, tout compris.	1	80		
743	— charnière pareille, mais de 50 centimètres. . .	2	»		
744	— id. mais de 66 centimètres	2	40		
745	— couplet noirci, de 11 centimètres.	»	50		
746	— id. blanchi et rivé de 14 centimètres	»	75		
747	— id. blanchi et à broche de 11 centimètres . . .	»	85		
748	— id. pareil, mais de 22 centimètres	1	10		
749	La paire de couplets à goujon à trois nœuds de 4 centimètres de largeur.	2	»		
750	— de couplets à cinq nœuds de 54 millimètres. . .	3	»		
751	Chaque clé forée, fournie en réparation pour serrure d'armoire et de cadenas.	1	10		
752	— clé bénarde à embase pour serrure à tour et demi.	1	50		
753	— clé en chiffre.	1	75		
754	— clé forée , d'une à deux hauteurs , pour même serrure	2	»		
755	— clé forée de deux hauteurs pour serrure de sûreté.	3	»		
756	— clé, mais forée dans toute sa longueur.	4	50		
757	— chaînette en cuivre sur platine en fer de 54 millimètres de largeur pour tirage de serrure	3	»		
758	— même chaînette, mais avec platine de 65 millimètres.	3	50		
759	— même chaînette, mais avec platine en cuivre à patère de 54 millimètres.	4	50		
760	— id. mais avec platine en cuivre à patère de 65 millimètres.	5	»		

Briquets.

Cadenas.

Charnières.

Couplets.

Clés.

Chaînettes.

QUINCAILLERIE.

N.° d'ordre.	NATURE DES OUVRAGES.	PRIX. 1853.		PRIX. 185 .	
		fr.	c.	fr.	c.
Crapaudines.					
761	Chaque crapaudine à pointe ou à scellement pour porte battante.	»	50		
Crémaillères.					
762	— cremaillère en fer de chassis à tabatière de 50 centimètres de longueur y compris son mantonnet d'arrêt.	2	50		
763	— même cremaillère, mais au-dessus de 50 centimètres de longueur.	3	»		
Crochets.					
764	— crochet plat à pan de 11 centimètres de largeur.	»	60		
765	— crochet rond de 8 centimètres.	»	50		
766	— crochet pareil de 16 centimètres.	»	75		
767	— crochet pareil de 25 centimètres.	1	»		
Croissants.					
768	La paire de croissants simples, polis pour cheminée.	»	75		
769	— croissants pareils avec vases en cuivre doré. . .	2	»		
770	— id. mais en cuivre avec patères	2	25		
771	— id. doubles polis	1	50		
772	— id. en fer bruni ou cuivre doré.	4	»		
	E.				
Équerres.					
773	Le mètre courant d'équerres simples, doubles en T ou autres de 25 millimètres de largeur sur 2 millimètres d'épaisseur	1	50		
774	— mêmes équerres, mais de 25 millimètres de largeur sur 3 à 4 millimètres d'épaisseur	2	»		
Espagnolettes.					
775	Le mètre courant d'espagnolettes ordinaires, poignée pleine, gâches, supports et autres accessoires compris, tige de 14 millimètres.	3	»		
776	— de pareille espagnolette, poignée comptée à part.	2	40		
777	— id. à tige de 16 millimètres, poignée comprise.	4	50		
778	— id. pareille, la poignée comptée à part.	3	70		
779	— id. à tige de 18 millimètres, poignée comprise.	5	25		
780	— id. pareille, non compris la poignée.	4	25		
Espagnolettes crémones.					
781	Chaque espagnolette crémone pour croisée ou porte à bouton, tige demi-ronde, ornement en fonte, système Charbonnier, de 2 mètres et au-dessus de longueur, mis en place	9	»		
782	— même espagnolette, mais tringle blanchie et ornement en cuivre	12	»		
id. à levier.					
783	— id. à levier, tringle ronde de 14 millimètres de diamètre, ornement en fonte, de 2 mètres et au-dessus de longueur.	6	»		
784	— id. mais à tige de 16 millimètres.	7	»		
	F.				
Fiches.					
785	Chaque fiche à broche, renforcée et blanchie, de 95 millimètres non compris le bouton.	»	50		
786	— fiche pareille, mais de 11 centimètres.	»	60		
787	— fiche pareille, mais de 14 centimètres.	»	70		
788	— fiche pareille, mais de 16 centimètres.	1	»		
789	— fiche à vase simple dite siamoise, de 11 centimètres entre vases.	»	60		
790	— fiche pareille, mais de 14 centimètres.	»	70		

QUINCAILLERIE.

N°. d'ordre.	NATURE DES OUVRAGES	PRIX. 1853.		PRIX. 185 .	
		fr.	c.	fr.	c.
791	Chaque fiche pareille, mais de 16 centimètres . . .	»	80		
792	— fiche pareille, mais de 19 centimètres.	»	90		
793	— fiche pareille, mais de 22 centimètres.	1	»		
794	Lorsque les fiches à vases seront polies, le prix sera augmenté de	»	15		
795	Lorsque les fiches seront à vase double, elles seront mesurées compris le vase.				
796	Chaque forte fiche à chapelet, pour guichet de porte cochère, de 25 centimètres	7	»		
797	— fiche pareille, mais de 33 centimètres.	8	»		
798	— fiche pareille, mais de 40 centimètres.	10	»		
799	— fiche pareille, mais de 50 centimètres.	12	»		
800	Chaque fermeture de contrevents ou persiennes, portant crochet et battement renflé, à pitons ou à pattes	1	50		
	G.				
801	Chaque gâche d'espagnolette, de bec de canne, de verrou à ressort, de serrure ordinaire et de serrure à tour et demi, en réparation.	»	40		
802	— gâche de verrou, faite à soupape.	2	»		
803	— gâche pareille, mais double pour deux verrous .	4	»		
804	— gâche à cloison, à patte, à pointe ou à scellement, pour serrure en général.	1	»		
805	— gâche à baguette	1	25		
806	— gâche à rouleau pour serrure et bec de canne. .	2	»		
807	— gâche très-forte à rouleau pour portes cochères.	3	»		
808	Chaque gond ou clou à crochet de 54 millimètres de longueur, en réparation.	»	10		
809	— gond à vis poli de pareille longueur.	»	15		
810	— gond pour paumelle ou petite penture soit à pointe soit à scellement, de 11 centimètres.	»	40		
811	— gond pareil, mais de 14 centimètres	»	60		
812	— gond pareil, mais de 16 centimètres	»	70		
813	— id. de 11 centimètres, pour tringles de rideaux.	»	25		
	L.				
814	Chaque loquet à bascule de façon, bouton olive, de 35 à 40 centimètres	2	25		
815	— loquet à bascule plus fort, de 45 à 50 centimètres	3	»		
816	— id. à bascule encore plus fort, de 50 à 60 centimètres	3	50		
817	— loquet poucier très-fort, garni de poignée à pointe.	2	50		
818	— loquet pareil, mais moins fort, pour porte d'intérieur.	1	70		
819	Chaque loqueteau droit, platine à chapeau, de 54 millimètres, fil de fer et anneau compris	1	10		
820	— loqueteau pareil, mais de 65 millimètres. . . .	1	35		
821	— loqueteau coudé à mentonnet et platine de 8 à 10 centimètres	1	30		

Gâches.

Gonds.

Loquets.

Loqueteau.

QUINCAILLERIE.

N°. d'ordre.	NATURE DES OUVRAGES.	PRIX. 1853.		185 .	
		fr.	c.	fr.	c.
822	Chaque loqueteau à pompe , petit modèle	»	90		
823	— loqueteau pareil, mais plus fort	1	»		
824	— loqueteau bien fait , mais en cuivre, pour armoire.	1	30		
825	Chaque clinche ou battant de loquet, en réparation.	1	10		
826	Chaque montonnet de loquet ou de loqueteau en réparation	»	30		
	M.				
827	Chaque moraillon à charnière, de 16 centimètres , avec ses pitons	»	80		
828	— moraillon pareil, mais de 19 centimètres. . . .	1	»		
829	— id. pour porte cochère, en fer forgé très-fort . .	2	»		
	P.				
830	Chaque patte à pointe ou à scellement de 8 centimètres de longueur	»	05		
831	— id. de 12 centimètres	»	08		
832	— id. de 14 centimètres.	»	10		
833	Chaque patère en cuivre, à tabatière , pour croisillons, et de 4 centimètres de diamètre	1	50		
834	— id. de 5 centimètres.	1	75		
835	— id. de 6 centimètres.	2	50		
836	— id. de 7 centimètres.	3	»		
837	— id. de 8 centimètres.	3	50		
838	Les patères en fonte seront payés au poids comme les autres ornements.				
839	Chaque panneton à goujon.	1	»		
840	Chaque pivot à équerre à tête carrée ou à col de cygne, avec sa crapaudine, de 25 à 30 centimètres de branche	3	50		
841	— pivot pareil, mais de 30 à 35 centimètres de branche	4	»		
842	— pivot pareil , mais de 35 à 40 centimètres de branche	4	50		
843	Lorsque ces pivots auront le moufle en cuivre, leur prix sera augmenté de.	1	»		
844	Chaque poignée olive ou autre sur platine de 14 à 16 centimètres d'ouverture.	»	80		
845	— poignée pareille , mais de 19 à 22 centimètres .	1	»		
846	— id. à talon et à écrou, de 8 à 11 centimètres. .	»	90		
847	— id. mais de 11 à 14 centimètres.	1	»		
848	— poignée à patte de 8 à 11 centimètres.	»	40		
849	— id. mais de 16 centimètres.	»	50		
850	— poignée en cuivre à lacet de 6 à 8 centimètres .	»	70		
851	— poignée d'espagnolette, pleine, bouton tourné. .	1	»		
852	— id. mais à embase relevée	1	25		
853	— id. évidée à la grecque ou en trèfle , modèle ordinaire.	1	80		
854	— id. évidée, modèle le plus riche.	3	»		

Moraillons.

Pattes.

Patères.

Pannetons.
Pivots.

Poignées.

QUINCAILLERIE.

N.° d'ordre.	NATURE DES OUVRAGES	PRIX. 1853.		PRIX. 185 .	
		fr.	c.	fr.	c.
855	Chaque plaque en cristal pour portes , de 32 centimètres de hauteur sur 65 millimètres de largeur.	3	»		
856	— id. de 35 centimètres de hauteur sur 7 centimètres de largeur	3	25		
857	Chaque entrée de clé percée dans ces plaques . . .	»	75		
	NOTA. *Les vis en cuivre doré pour les fixer sont comprises dans ces prix.*				
858	Chaque paumelle simple de 11 centimètres , en S ou en T, gond compris	»	80		
859	— paumelle pareille , mais de 16 centimètres . . .	1	»		
860	— id., mais de 22 centimètres.	1	40		
861	— id., mais de 25 centimètres.	1	55		
862	— id., mais de 27 centimètres.	1	80		
863	— id., mais de 30 centimètres.	2	10		
864	— paumelle en S ou en T, renforcée de 11 centimètres.	»	90		
865	— id., mais de 16 centimètres.	1	10		
866	— id., mais de 22 centimètres.	1	60		
867	— paumelle en S ou en T, renforcée de 25 centimètres.	2	10		
868	— id., mais de 27 centimètres.	2	40		
869	— id., mais de 30 centimètres.	2	90		
870	Les paumelles simples ou doubles qui auront plus de 30 centimètres de branche , seront payées comme équerres pour l'excédant.				
871	Chaque garniture de rideaux de croisée, composée de quatre poulies, les gonds de 16 centimètres de longueur.	1	30		
872	— garniture mieux faite, façon de Picardie, les gonds renforcés et de 14 centimètres de longueur . . .	2	»		
873	— poulie en cuivre montée sur chape en fer, à pointe ou à scellement, de 4 à 5 centimètres de diamètre.	1	50		
874	— poulie pareille, mais de 5 à 6 centimètres . . .	2	»		
875	— piton à tire-fond, de 5 à 8 centimètres	»	15		
876	— id. de 8 à 10 centimètres de longueur.	»	25		
877	— id. de 12 centimètres	»	35		
	R.				
878	Chaque ressort à baril en fer ou en cuivre à galet de 5 centimètres de hauteur	8	»		
879	— même ressort, mais de 6 centimètres.	10	»		
880	— id., mais de 8 centimètres	12	»		
881	— ressort à torsion avec picolet à patte	7	»		
882	— id. dit paillette, pour porte d'armoire, avec son mentonnet.	»	75		
883	— id. paillette de renvoi, de 15 à 20 centimètres de longueur.	1	»		
884	— id. montée sur platine et coudée.	2	»		

Plaques en cristal.

Paumelles.

Poulies.

Pitons.

Ressorts.

QUINCAILLERIE.

Nº d'ordre.	NATURE DES OUVRAGES.	PRIX.			
		1853.		185 .	
		fr.	c.	fr.	c.
	S.				
885	Chaque serrure ordinaire, variée, pour armoire, de 7 centimètres de longueur avec gâche	2	»		
886	— serrure pareille, mais de 8 centimètres	2	50		
887	— id. pour armoire ou tiroir, à tour et demi, polie, clé forée, qualité bon poussé, de 65 millimètres avec gâche.	2	80		
888	— id. pareille, mais de 8 centimètres.	3	»		
889	— id., mais de 11 centimètres.	3	50		
890	— id. à vielle, pour battant de loquet et deux clés.	2	80		
891	— id. ordinaire à tour et demi, renforcée, qualité bon poussé, de 11 centimètres avec gâche . . .	4	50		
892	— id. pareille, mais de 14 centimètres.	5	»		
893	— id., mais de 16 centimètres.	5	50		
894	— id., mais de 19 centimètres.	6	»		
895	— id. à demi-tour, très-soignée, de 11 centimètres.	4	50		
896	— id., mais de 14 centimètres.	7	»		
897	— serrure à pène dormant et demi-tour, de 14 centimètres avec gâche.	5	50		
898	— id., mais de 16 centimètres.	6	50		
899	— id., mais de 19 centimètres.	7	25		
900	— id. à pène dormant à canon, demi-renforcée, qualité bon poussé, de 11 centimètres avec gâche.	4	»		
901	— id., mais de 14 centimètres.	4	75		
902	— id., mais de 16 centimètres.	5	50		
903	— id., mais renforcée de 14 centimètres.	6	»		
904	— id., mais de 16 centimètres.	7	»		
905	— id., mais de 19 centimètres.	8	»		
906	— id. de sûreté ordinaire, broche à platine, deux clés forées, garniture droite brasée, de 14 centimètres, sans gâche.	11	»		
907	— id. de 16 centimètres	13	»		
908	— id. plus forte, bien faite, broche en cul-de-lampe, tournée, deux clés forées jusqu'à l'embase, de 14 centimètres	12	»		
909	— id. pareille, mais de 16 centimètres	14	»		
910	— id., mais de 19 centimètres.	18	»		
911	— id. bec de canne, renforcée, à bouton double en cuivre ou en cristal, avec gâche de 8 centimètres.	4	50		
912	— id., mais de 11 centimètres.	6	»		
913	— id., mais de 14 centimètres.	7	»		
914	— id. de 54 millimètres, mais avec anneau et sans bouton.	2	50		
915	Lorsque les gâches seront à rouleau, le prix des serrures de diverses espèces sera augmenté de. .	1	»		
916	Chaque serrure à moraillon pour fermeture de fléau de porte.	4	»		

Serrures-armoire.

id. à vielle.

id. à tour et demi.

id. à demi-tour.

id. à pène dormant et demi-tour.

id. à pène dormant et à canon.

id. de sûreté.

id. à bec de canne.

id. à moraillon.

QUINCAILLERIE.

N.º d'ordre.	NATURE DES OUVRAGES.	PRIX. 1853.		PRIX. 185 .	
		fr.	c.	fr.	c.
917	Chaque serrure de guichet de porte-cochère, pêne dormant et demi-tour, sans fonds, en cuivre, deux clés en chiffre, de 16 centimètres.	20	»		
918	— serrure pour porte-cochère, de 20 à 25 centimètres, deux clés forées et quatre loquets, le tout très-fort et très-soigné, la gâche à rouleau comprise.	45	»		
919	Chaque support d'espagnolette non évidé, à patte, à pointe ou à charnière, en réparation.	»	60		
920	— support pareil, mais évidé	»	80		
921	— id. évidé, modèle très-riche	1	10		
922	— sonnette de 54 millimètres de diamètre, garnie de son ressort	1	90		
923	— id., mais de 67 millimètres.	2	45		
924	— id., mais de 8 centimètres	3	45		
925	Lorsque les sonnettes seront tournées, leur prix sera augmenté de 20 p. %.				
926	Chaque mouvement de sonnette en cuivre, bien fait, nouveau modèle, renforcé, à pointe ou à scellement	»	70		
927	— mouvement pareil, mais moins fort.	»	60		
928	— ressort de renvoi avec sa pointe	»	75		
929	— coulisseau en cuivre à cuvette tournée, ronde ou carrée, de 8 centimètres.	4	»		
930	— coulisseau pareil, mais de 9 centimètres. . . .	5	»		
931	— id., mais de 11 centimètres.	6	»		
932	— coulisseau poucier en fer ou cuivre, renforcé. .	2	50		
933	Le mètre courant de tuyaux de fer-blanc pour passage des fils de fer sur le nu des murs ou dans des percements préparés et payés à part	»	75		
934	— id. incrustés dans les murs et raccordés, soit en plâtre, soit au moyen de zinc.	1	50		
935	Chaque bascule simple de 50 centimètres de longueur.	2	75		
936	Ce qui excédera cette longueur sera payé au mètre à raison de.	1	»		
937	Ce qui sera inférieur sera diminué proportionnellement.				
938	Chaque boucle de jonction, compris crampons . . .	»	15		
939	Le mètre linéaire de fil de fer, compris supports . .	»	08		
940	— id., mais en laiton	»	10		
941	Chaque ressort ou chenille à pompe, compris arrêt.	»	35		
942	Le mètre linéaire de percement de trous pour pose de sonnette : 1° en pierre dure	6	»		
943	2° en brique ou moëllon.	4	»		
944	3° en bois de charpente.	2	»		
	T.				
945	Chaque targette à platine de 4 centimètres de longueur, à chapeaux, avec bouton tourné, crampon et gâche au besoin.	»	60		
946	— targette pareille, mais de 54 millimètres. . . .	»	90		
947	— id., mais de 7 centimètres	1	»		

Left margin labels:
Serrure de guichets.
id. de porte cochère.
Supports d'espagnolettes.
Sonnettes.
Mouvements de sonnettes.
Targettes.

QUINCAILLERIE.

N.º d'ordre.	NATURE DES OUVRAGES.	PRIX.			
		1853.		185 .	
		fr.	c.	fr.	c.
948	Lorsque les targettes seront renforcées ou à vollet, le prix sera augmenté de	»	15		
949	Chaque tourniquet simple de 8 centimètres, à patte ou à scellement.	»	45		
950	— tourniquet double de 11 à 14 centimètres . . .	»	60		
951	Le mètre courant de tringle non blanchie, de 14 millimètres de diamètre	1	»		
952	— tringle pareille, mais de 18 millimètres	1	50		
953	— id. polie, de 14 millimètres.	1	20		
954	— id. de 18 millimètres	1	70		
955	Les tringles ou bâtis de chassis, grillages, jusqu'à 16 millimètres de diamètre.	1	40		
956	Le mètre linéaire de petits bois en tôle forte, de 12 millimètres de largeur	1	80		
957	— id. de 14 millimètres	2	10		
958	— id. de 16 millimètres	2	40		
959	— id., mais en fer plein, de 14 millimètres. . . .	2	»		
960	— id. de 16 millimètres	2	25		
961	— id. de 18 millimètres	2	60		
	V.				
962	Chaque verrou ordinaire, dit quart placard, sur platine de 16 centimètres, à ressort, y compris gâche. .	1	»		
963	— verrou pareil, mais de 19 centimètres.	1	50		
964	— id. de 33 centimètres.	1	70		
965	— id. de 40 centimètres	2	20		
966	— verrou dit demi-placard, de 19 centimètres. . .	2	»		
967	— id. de 33 centimètres	2	40		
968	— id. de 40 centimètres	3	»		
969	— id. de 50 centimètres	3	30		
970	— id. de 60 centimètres	3	70		
971	— id. d'un mètre	5	»		
972	Lorsque les verrous seront encore plus forts, dits à placard, leur prix sera augmenté sur les demi-placards de 20 p. %.				
973	Chaque verrevelle avec bouton, en réparation . . .	1	»		
974	— vis à tête ronde ou fraisée, fendue, de 23 millim.	»	03		
975	— id. de 34 millimètres	»	04		
976	— id. de 40 millimètres	»	05		
977	— id. de 54 millimètres	»	07		
978	— id. de 8 centimètres.	»	10		
979	— vis de façon, de 8 à 12 centimètres, à tête fraisée, pour ferrure de porte cochère.	»	20		
980	— vis dite tire-fond, à tête carrée, de 7 centimètres de longueur.	»	20		
981	— id. de 9 à 10 centimètres.	»	30		
982	— id. de 10 à 12 centimètres	»	35		
983	— id. de 13 à 15 centimètres	»	45		
984	Lorsque les tire-fonds auront plus de 15 centimètres, ils seront payés au prix des boulons.				

Tourniquets.

Tringles.

Verroux ordinaires.

Vis.

Vis dites tire-fonds.

QUINCAILLERIE.

N.^{os} d'ordre.	NATURE DES OUVRAGES.	PRIX.			
		1853.		185 .	
		fr.	c.	fr.	c.
	§ 3. — *Main-d'œuvre; dépose et repose.*				
985	L'heure d'un serrurier ajusteur ou ferreur.	»	34		
986	— d'un ouvrier ordinaire	»	25		
987	La dépose de chacun des objets de quincaillerie et de serrurerie sera payée 5 p. %, de son prix principal, y compris l'emmagasinement.				
988	Dépose, nettoyage et repose de chacun de ces objets, y compris fourniture de vis et clous nécessaires, 10 p. %.				
989	Dépose, nettoyage, réparation et repose, 15 p. %.				
	CHAPITRE XIII.				
	GRILLAGE.				
	§ 1er. — *Grillage en fil de fer.*				
990	Le mètre carré de grillage à mailles de 54 millimètres, fil de fer n° 10	3	»		
991	— id. à mailles de 4 centimètres, fil de fer n° 9. .	3	20		
992	— id. à mailles de 34 millimètres, fil de fer n° 8. .	3	50		
993	— id. à mailles de 27 millimètres, fil de fer n° 7. .	3	80		
994	— id. à mailles de 2 centimètres, fil de fer n° 6. .	4	»		
995	— id. à mailles de 14 millimètres, fil de fer n° 5. .	4	50		
	§ 2. — *Grillage en fil de laiton.*				
996	Le mètre carré de grillage à mailles de 18 millimètres, fil n° 8	6	»		
997	— id. à mailles de 14 millimètres, fil n° 7	7	»		
998	— id. à mailles de 11 millimètres, fil n° 6	8	»		
999	— id. à mailles de 9 millimètres, fil n° 5.	9	»		
1000	— id. à mailles de 7 millimètres, fil n° 4.	10	»		
	CHAPITRE XIV.				
	PEINTURE, DORURE ET VITRERIE.				
	§ 1er. — *Peinture.*				
1001	Le mètre carré de badigeon à la chaux et à l'alun composé, précédé de grattage et de l'époussetage nécessaire, à une couche	»	08		
1002	— id. à deux couches à deux teintes.	»	13		
1003	— Chaque couche au-delà de la deuxième	»	03		
1004	— de badigeon pareil, à trois couches, à un ou à deux tons, mélangé d'un cinquième de céruse pour façades d'édifices et de monuments.	»	25		
1005	— d'échaudage à une couche pour enlever le roux du plâtre.	»	04		
1006	— d'échaudage en deuxième, troisième et quatrième couche.	»	03		

Heures.

Badigeon et échaudage.

PEINTURE.

N.º d'ordre.	NATURE DES OUVRAGES.	PRIX.			
		1853.		185 .	
		fr.	c.	fr.	c.
1007	Le mètre carré de blanc sur plafonds à une couche à la colle	»	11		
1008	— de blanc pareil, à deux couches	»	19		
1009	— id. à trois couches.	»	25		
1010	— de blanc ou gris sur murs ou boiseries, à deux couches	»	25		
1011	— id. à trois couches, dont une teintée	»	35		
1012	— id. à quatre couches.	»	45		
1013	Les mêmes gris ou blancs faits à deux tons augmenteront de 20 p. °/°.				
1014	Lorsqu'il y aura lieu de poncer les ouvrages soignés, le prix du mètre augmentera de.	»	10		
1015	Le mètre carré de pierre filée et tracée, sur trois couches de fond	»	50		
1016	— de détrempe à deux tons et à trois couches bien soignées, couleurs jonquille, rose, lilas, violet, aurore, vert, bleu et autres analogues	•	50		
1017	Lorsque ces ouvrages seront faits sur vieux, le prix du mètre sera augmenté de.	»	04		
1018	Le mètre carré de première couche de peinture ordinaire à l'huile.	»	40		
1019	— id. à deux couches	»	75		
1020	— id. à trois couches	1	05		
1021	— id. à quatre couches.	1	30		
1022	Lorsque les travaux n'exigeront que la bonne qualité de peinture, sans grand soin d'exécution, comme dans les classes et dortoirs, bureaux d'octroi et lieux semblables, il y aura lieu à une réduction de prix de 10 p. °/°.				
1023	Le mètre carré de peinture à trois couches, dont une de blanc et les deux autres teintées :				
1024	1º de rouge ou minium pur	1	30		
1025	2º de rouge ou vermillon pur	2	50		
1026	3º de couleur rose ou vert.	1	35		
1027	4º de couleur lilas ou bleu.	1	40		
1028	— noir au vernis, à une couche, pour tableau de classes et ouvrages semblables	»	40		
1029	— de vernis sur peinture à l'huile.	»	30		
1030	Lorsque les ouvrages à l'huile ci-dessus seront faits à deux tons, le mètre sera augmenté de 10 p. °/°.				
1031	Le mètre carré de pierre feinte par trois filets ombrés et éclairés, avec frottis sur trois couches de fond en détrempe	1	»		
1032	— id., mais sur trois couches de fond à l'huile. . .	1	60		
1033	— de marbre granit jeté sur deux couches de fond en détrempe	»	50		
1034	— de marbre granit mieux fait jeté et chiqueté en partie sur deux couches de fond en détrempe. . .	»	70		

Ouvrages en détrempe sur plafonds.

id. sur murs, etc.

Pierres filées.

Sur vieux.

Ouvrages à l'huile.

Ouvrages de décors.

PEINTURE.

Enduit en mastic,
Mise en couleur des
carreaux et parquets.

Menus ouvrages.

Ouvrages de préparation.

Lessivage.

N.º d'ordre.	NATURE DES OUVRAGES.	PRIX. 1853. fr.	PRIX. 1853. c	PRIX. 185. fr.	PRIX. 185. c.
1035	Le mètre carré de vernis à bois appliqué sur l'une de ces espèces de granit	»	30		
1036	— de granit jeté et chiqueté en partie sur deux couches de fond à l'huile et verni	1	20		
1037	— id., mais sur trois couches de fond à l'huile dont une de blanc et deux de teinte	1	50		
1038	— de bois feint ou marbre très-soigné sur deux couches à l'huile et vernis.	2	50		
1039	— id., mais sur trois couches à l'huile et deux couches de vernis.	3	»		
1040	— d'enduit complet en mastic	»	40		
1041	— de carreaux en rouge ou jaune avec deux couches de détrempe , une d'encaustique et le frottage . .	»	45		
1042	— de carreaux mis en couleur, comme ci-dessus , mais à l'huile.	»	75		
1043	— de parquet mis en couleur.	»	20		
1044	Chaque chambranle de cheminée avec ses retours , peint en marbre, à l'huile, à trois couches de fond et verni	2	50		
1045	Le mètre courant de plinthes à deux couches à l'huile.	»	15		
1046	— id., mais vernies	»	20		
1047	— id. marbrées et vernies.	»	30		
1048	— de cadres , moulures ou cymaises ombrées et éclairées, filées en détrempe.	4	25		
1049	— de pareils cadres et moulures, mais filés à l'huile.	»	30		
1050	— de tables saillantes ou rentrantes filées en détrempe ou à l'huile.	»	25		
1051	— de simple filet pour figurer des assises sur mur ou sur tenture	»	03		
1052	Le mètre carré de brique feinte sur trois couches de fond à l'huile.	1	50		
1053	— id., mais en détrempe	1	»		
1054	Le mètre courant de peinture en noir et vernie d'espagnolettes et pentures	»	18		
1055	Chaque pièce de ferrure peinte et vernie de même. .	»	06		
1056	— de foyer de cheminée peint en détrempe	»	50		
1057	— id., mais passée à la mine de plomb	»	70		
1058	Le mètre carré de lavage et nettoyage simple de carreaux et parquets avant de les mettre en couleur.	»	06		
1059	— de lavage et nettoyage de carreaux et parquets grattés pour faire disparaître les taches de peinture ou de mortier, si les carreaux sont neufs	»	10		
1060	— de lavage, nettoyage, grattage et passage au grès, à la sciure de bois ou à l'oseille , des carreaux et parquets.	»	20		
1061	— de lessivage ou lavage simple à l'eau seconde de peinture vernie pour faire revivre les couleurs . .	»	08		
1062	— de lessivage à l'eau seconde d'ancienne huile ou détrempe , avant de repeindre le même sujet. . .	»	10		

VITRERIE.

N°. d'ordre.	NATURE DES OUVRAGES.	PRIX.			
		1853.		185 .	
		fr.	c.	fr.	c.
1063	Le kilogramme de mastic à la colle, au blanc de Meudon	»	20		
1064	— de mastic à l'huile, fortement dosé en céruse première qualité	»	60		
1065	— de pareil mastic, mais sans céruse	»	40		
1066	Chaque lettre ou chiffre de 3 à 10 centimètres de hauteur	»	10		
1067	— id. mais de 11 à 15 centimètres de hauteur. . .	»	15		
1068	— id. mais de 16 à 20 centimètres de hauteur. . .	»	20		
1069	— id. au-dessus de 20 centimètres sera payé proportionnellement.				
1070	L'heure d'un peintre ordinaire	»	25		
1071	— d'un peintre décorateur.	»	42		

§ 2. — Dorure.

N°	NATURE	fr.	c.	fr.	c.
1072	Le mètre carré d'or uni, bruni sur fond d'apprêt. .	›	70		
1073	— d'or mat, sur fond à l'huile.	»	65		

§ 3. — Vitrerie.

N°	NATURE	fr.	c.	fr.	c.
1074	Le mètre carré de vitrage en verre neuf d'Alsace de toutes dimensions	5	25		
1075	— de vitrage pareil en verre double.	9	»		
1076	Lorsque les verres ci-dessus seront dépolis, le mètre carré sera augmenté de.	3	»		
1077	Pose seulement d'un petit carreau.	»	10		
1078	— id. d'un grand carreau.	»	20		
1079	Dépose, retaille et repose d'un petit carreau . . .	»	20		
1080	— id. d'un grand carreau.	»	40		
1081	Nettoyage d'un petit carreau.	»	03		
1082	— d'un grand carreau	»	05		
1083	Dépose seulement d'un petit carreau	»	05		
1084	— id. d'un grand carreau.	»	10		
1085	L'heure d'un vitrier	»	25		
1086	Le mètre linéaire de bande en mastic à l'huile sur vieux vitrage, y compris dégradation de vieilles bandes	»	07		

CHAPITRE XV.

TAPISSERIE ET MIROITERIE.

N°	NATURE	fr.	c.	fr.	c.
1087	Tous les ouvrages de tapisserie et miroiterie seront exécutés par régie, et il sera accordé à l'entrepreneur 5 p. % sur les prix de ces ouvrages pour le couvrir de ses soins et avances.				
1088	L'heure d'un maître tapissier.	»	40		
1089	— d'un ouvrier.	»	30		
1090	— d'un garçon ou d'une ouvrière.	»	11		

POÊLERIE.

N° d'ordre.	NATURE DES OUVRAGES.	PRIX. 1853. fr.	c.	185 . fr.	c.
	CHAPITRE XVI.				
	TENTURE.				
1091	Tous les papiers peints et leurs bordures seront achetés en régie et il sera accordé à l'entrepreneur 5 p. °/₀ sur leurs prix.				
1092	Le mètre carré de toile à tenture et à plafonds, forte, non compris la pose	»	60		
1093	— de pose de cette toile, y compris clous.	»	10		
1094	— de papier bis, non compris le collage	»	10		
1095	— de papier bleu pâte, non compris le collage. . .	»	15		
1096	— de collage de ces deux espèces de papier. . . .	»	10		
1097	— id. de papiers peints communs, bordures comprises.	»	15		
1098	— id. de papiers peints riches et fonds unis, en panneaux ou rouleaux, bordures comprises.	»	25		
1099	— de vernis de Hollande appliqué sur papier de tenture, après encollage à la colle figée.	»	25		

CHAPITRE XVII et dernier.

POÊLERIE ET FUMISTERIE.

Poêles carrés.

N° d'ordre.	NATURE DES OUVRAGES.	Sans four. 1853. fr.	c.	185 . fr.	c.	Avec four. 1853 fr.	c.	185 . fr.	c.
1100	Chaque poêle carré en faïence, cercle en fer, de 50 centimètres de hauteur, pieds compris, sur 43 centimètres de longueur et 36 centimètres de largeur, mesure prise sur la tablette.	16	»			18	»		
1101	— poêle pareil, mais de 53 sur 38 et 50 centimètres	23	»			25	»		
1102	— id. de 57 sur 43 et 55 centimètres.	28	»			30	»		
1103	Chaque poêle carré en faïence, mais de 60 sur 45 et 60 centimètres . . .	33	»			35	»		
1104	— poêle pareil, mais de 69 sur 53 et 69 centimètres	40	»			42	»		
1105	— poêle pareil, mais de 71 sur 55 et 69 centimètres	50	»			52	»		
1106	— id. de 74 sur 66 et 82 centimètres.	60	,			63	»		
1107	— id. de 82 sur 71 centimètres et un mètre . .	70	»			75	»		

POÈLERIE.

	N° d'ordre.	NATURE DES OUVRAGES.	PRIX.							
			Faïence.				Biscuit.			
			1853.		185 .		1853.		185 .	
			fr.	c.	fr.	c.	fr.	c.	fr.	c.
Poêles ronds.	1108	Chaque poêle rond cerclé en cuivre et garni d'une tablette en marbre, de 55 centimètres de hauteur sur 36 centimètres de diamètre , mesuré sur la corniche.	75	»			60	»		
	1109	— poêle pareil, mais de 60 sur 50 centimètres .	80	»			70	»		
	1110	— id. mais de 66 sur 57 centimètres.	105	»			89	»		
	1111	— id. mais de 71 sur 66 centimètres.	125	»			105	»		
	1112	— id. mais de 77 sur 74 centimètres.	150	»			130	»		
Poêles de construction.	1113	— carreau uni de 22 centimètres de côté, pour poêle de construction. .	1	50			1	20		
	1114	— carreau à mosaïque uni de même dimension . .	1	75			1	35		
	1115	— carreau à dessin octogone uni de même dimension.	2	»			1	50		
	1116	— carreau à dessin octogone à rosace simple. .	2	25			1	65		
	1117	— carreau à mosaïque et à rosace riche.	2	65			2	»		
Tuyaux unis en terre cuite.	1118	Chaque bout de tuyau uni de 33 centimètres de longueur sur 14 centimètres de diamètre, en terre cuite.	3	75			3	»		
	1119	— bout de pareil tuyau , mais de 17 centimètres de diamètre	4	25			3	25		
	1120	— id. mais de 19 centimètres de diamètre . .	4	80			3	60		
	1121	— id. mais de 22 centimètres de diamètre . .	5	40			4	05		
Tuyaux unis à bandeaux.	1122	Chaque bout de tuyau uni et à bandeaux de 33 centimètres de longueur sur 17 centimètres de diamètre.	4	50			3	40		
	1123	— id. mais de 19 centimètres de diamètre .	5	10			3	85		
	1124	— id. mais de 25 centimètres de diamètre . .	6	60			5	»		
	1125	— id. mais de 33 centimètres de diamètre . .	9	30			7	»		

POÊLERIE.

N° d'ordre.	NATURE DES OUVRAGES.	PRIX.							
		Faïence.				Biscuit.			
		1853.		185 .		1853.		185 .	
		fr.	c.	fr.	c.	fr.	c.	fr.	c.
1126	Chaque bout de tuyau à bandeaux et cannelé, de 33 centimètres de longueur sur 17 centimètres de diamètre.	4	80			3	60		
1127	— id. mais de 19 centimètres de diamètre. . .	5	10			4	05		
1128	— id. mais de 25 centimètres de diamètre. . .	7	20			5	40		
1129	— id. mais de 33 centimètres de diamètre. . .	10	»			7	50		
1130	— colonne d'une pièce de 22 à 25 centimètres de diamètre, avec base et chapiteau, et d'un mètre 30 centimètres de hauteur	40	»			30	»		
1131	— colonne pareille, mais d'un mètre 65 centimètres	47	»			36	»		
1132	— colonne pareille, mais de 2 mètres	56	»			42	»		
1133	— colonne pareille, mais de 2 mètres 30 centimètres	66	»			50	»		
1134	— flamme-sans socle. . .	5	»			3	50		
1135	— flamme avec socle . .	7	»			4	50		
1136	— corbeille sans socle. .	10	»			6	50		
1137	— corbeille avec socle. .	12	»			8	»		
1138	La construction d'un poêle de petite dimension, briques, tuiles et terre comprises	18	»						
1139	— d'un poêle de moyenne dimension, mêmes fournitures comprises	30	»						
1140	— d'un poêle de grande dimension, mêmes fournitures comprises	45	»						
1141	*Pour les garnitures en fonte et les tablettes de marbre des poêles de construction, voir aux chapitres de la serrurerie et de la marbrerie.*								
1142	Le kilogramme de tôle et de fer pour portes et leurs chassis, cendriers, fours, tuyaux et leurs coudes et T	1	70						
1143	— de cuivre pour les tuyaux, portes et cendriers. .	5	»						
1144	Le mètre courant de cercle en tôle, de 27 à 34 millimètres de largeur.	»	40						
1145	— id. en cuivre, de 27 à 34 millimètres.	1	30						
1146	— id., mais de 34 à 41 millimètres de largeur. . .	1	50						
1147	Chaque vis en fer non polie	»	30						
1148	— vis mieux faite et polie.	»	50						

Left margin labels:

Tuyaux à bandeaux et cannelés.

Colonnes.

Couronnements de colonnes de tuyaux.

Briques, tuiles, terre et main-d'œuvre des poêles de construction.

Tôle.

Cercles.

POÊLERIE.

N.º d'ordre.	NATURE DES OUVRAGES.	PRIX.			
		1853.		185 .	
		fr.	c.	fr.	c.
1149	Chaque bouchon en cuivre, à charnière ou non, de 67 millimètres, mesuré sur la douille	1	75		
1150	— bouchon pareil, mais de 8 centimètres.	2	70		
1151	— id., mais de 11 centimètres.	3	20		
1152	Lorsque l'orifice des bouchons sera grillagé, le prix sera augmenté de	»	50		
1153	Chaque ramonage de cheminée	»	60		
1154	— démontage, nettoyage et emmagasinement d'un poêle rond ou carré	1	»		
1155	— démontage, nettoyage des tuyaux et ramonage, compris rejointoiements	1	50		
1156	— remontage d'un poêle, compris rejointoiements .	1	»		
1157	— mètre simple en terre cuite, y compris pose . .	4	50		
1158	— soubassement composé d'une simple planche de plâtre, compris barre en fer	4	»		
1159	— soubassement composé de deux planches. . . .	8	»		
1160	— soubassement double avec une troisième planche intérieure et à jeu d'orgue.	10	»		
1161	— soubassement avec ventouse verticale ou horizontale, établie au moyen de doubles languettes pour chaque cheminée	18	»		
1162	— foyer de cheminée construite à la Rumfort, au moyen de doubles jambages obliques et d'un dossier de contre-cœur en pavés à four, briques et plâtre, non compris soubassement.	12	»		
1163	L'heure d'un poêlier fumiste.	»	30		
1164	— d'un garçon.	»	13		

Soubassements.

Heures.

Les présents Devis et Bordereau, rédigés par la Commission nommée par le Conseil municipal, le 16 septembre 1852, et présentés au dit Conseil dans la séance du 29 novembre 1852.

DE BOISVILLETTE, CHASLES, DURAND, COQUARD, PELUCHE.

Extrait de la délibération du Conseil municipal, du 29 novembre.

Le Conseil,

Ouï le rapport de la Commission chargée de modifier le Devis général et le Bordereau de prix des travaux communaux, ainsi que le cahier des charges qui seront imposés lors de l'adjudication de travaux pour les années 1853, 1854 et 1855,

Considérant que le bail d'adjudication des travaux de la ville doit expirer le 31 décembre 1852,

A délibéré ce qui suit :

Sont approuvés, tels qu'ils sont présentés par la Commission, pour être imposés lors de la prochaine adjudication des travaux de la ville pour les années 1853, 1854, 1855 :

1° Le Devis général contenant au chapitre Ier les conditions d'exécution au chapitre II les conditions générales;

2° Le Bordereau de prix.

Le travail de la Commission, tel qu'il est adopté par le Conseil municipal, formera une annexe de la présente délibération.

Pour extrait conforme :

Le Maire de Chartres,

H. SEDILLOT.

Approuvé par nous, Préfet d'Eure-et-Loir.

Chartres, le 31 janvier 1853.

Le Préfet,

ER. DE GROUCHY.

TARIF ET RÉGLEMENT DE VOIRIE

de la ville de Chartres.

ORDONNANCE DU ROI.

Paris, le 8 juin 1834.

Louis-Philippe, roi des Français, à tous présents et à venir, salut.

Sur le rapport de notre Ministre secrétaire d'État au département de l'Intérieur;

Vu la proposition du Maire et du Conseil municipal de Chartres (Eure-et-Loir), tendant à obtenir l'autorisation de percevoir des droits de petite voirie dans cette ville;

Vu le projet de Règlement;

Vu les délibérations du Conseil municipal de la ville de Chartres, en date des 7 août 1832 et 20 décembre 1833;

Vu l'avis du Préfet d'Eure-et-Loir;

Vu l'avis du Conseil des bâtiments civils;

Ensemble l'art. 5 de la loi de finances du 24 mai 1834;

Notre Conseil d'État entendu,

Nous avons ordonné et ordonnons ce qui suit:

Art. 1er.

L'administration municipale de la ville de Chartres, département d'Eure-et-Loir, est autorisée à percevoir des droits de voirie conformément au tarif adopté par le Conseil municipal le 20 décembre 1833, et dont copie restera annexée à la présente ordonnance.

Art. 2.

Le produit de ces droits sera versé dans la caisse municipale, et porté en recettes au budget de la commune.

Art. 3.

Notre Ministre secrétaire d'État au département de l'Intérieur est chargé de l'exécution de la présente ordonnance.

Donné au Palais des Tuileries, le 8 juin 1834.

Signé LOUIS-PHILIPPE.

Par le Roi :

Le Ministre secrétaire d'État au département de l'Intérieur,

Signé A. THIERS.

Pour ampliation :

Le Maître des requêtes secrétaire-général du ministère de l'Intérieur,

Signé EDMOND BLANC.

Pour copie conforme :

Le Conseiller de Préfecture secrétaire-général,

Signé AD. MÉLIOT.

10

CONSEIL MUNICIPAL.

TARIF.

Du Registre des délibérations du Conseil municipal a été extrait ce qui suit :

Séance extraordinaire du 20 décembre 1833, autorisée par M. le Préfet le 16 décembre 1833.

Le Conseil municipal,
Vu l'article 3 de la loi des finances du 21 avril 1832,

ARRÊTE :

ARTICLE UNIQUE.

A partir de l'homologation à donner par le Gouvernement à la présente délibération, il sera perçu au profit de la commune de Chartres, dans toute l'étendue de la commune, les droits dits de petite voirie indiqués au tarif suivant,

1° Alignements de bâtiments construits en pierres ou pans de bois, ravalés avec plâtre ou mortier, *le mètre courant* . . . . 1 fr. » c.

2° Alignements de bâtiments construits en murs de bauge, avec pieds de murs en cailloux et terre ou en pans de bois, lattés, ourdés et enduits en torchis de terre, *le mètre courant*. » 50

3° Dans le cas de reconstruction sur les mêmes fondations, si elles sont dans l'alignement, pour les bâtiments non construits en bauge, *le demi-droit*. . . . . » 50

4° *Idem* pour les bâtiments construits en bauge, avec pieds de murs en cailloux et terre ou pans de bois, *le demi-droit* . . . » 25

5° *Exhaussement de bâtiments.*

    Pour un étage, *le mètre courant* . . . . 1 »

    Pour deux étages, *le mètre courant*. . . . . 2 »

6° Alignement d'un mur de clôture, *le mètre courant* . . . » 30

7° Alignement pour un mur en bauge, *le mètre courant* . . » 15

8° Alignement pour clôtures provisoires en planches sur la voie publique, *le mètre courant*. . . . . » 25

9° Ouvertures de boutiques, *le mètre courant* . . . . . 2 »

10° Ouvertures de boutiques dans un mur en bauge ou dans un pan de bois, ourdé et enduit en terre, *le mètre courant*. . . 1 »

11° Ouvertures de portes ou fenêtres dans un mur de bauge. . » 50

12° Ouvertures de portes ou fenêtres ordinaires. . . . . 1 »

13° Ouvertures de portes cochères . . . . 10 »

14° Ouvertures de porte bâtarde à deux vantaux. . . . . 3 »

15° Ouvertures de portes charretières . . . . 2 »

16° Châssis à verre sédentaire ou mobile, au droit d'une fenêtre, sans soubassement en saillie, *chaque châssis* . . . . 2 »

17° Appuis de fenêtre au-dessus de six centimètres de saillie, *pour chaque fenêtre*. 1 50

18° Appuis de boutiques au-dessus de six centimètres de saillie, *le mètre courant* . . . . » 25

19° Devantures de boutiques en menuiserie, toutes décorations comprises, mais non compris auvents ni corniches, qui seront payés en sus, *le mètre courant* . . . . 2 fr. » c.

20° Barreaux et grilles en saillie, *le mètre courant* . . . . 2 »

21° Chaque colonne ou pilastre sur la voie publique. . . . 2 »

22° Balcons de fenêtre en saillie sur la voie publique, *pour chaque fenêtre* . . . . 3 »

23° Grands balcons, *le mètre courant*. 2 50

24° Corniches en bois, de quinze à vingt centimètres de saillie, *le mètre courant*. . . . . » 50

Corniches en bois, de vingt à vingt-cinq centimètres de saillie, *le mètre courant*. . . . . » 60

Corniches en bois, de vingt-cinq à trente centimètres de saillie, *le mètre courant*. . . . . » 70

Corniches en bois, de trente à trente-cinq centimètres (*maximum*), *le mètre courant*. . . . . » 80

25° Entablements en bois ou plâtre, de vingt à vingt-cinq centimètres de saillie, *le mètre courant* . . . . » 70

Idem de vingt-cinq à trente centimètres de saillie, *le mètre courant*. » 80

Idem de trente à quarante-cinq centimètres de saillie (*maximum*) . . . . 1 »

26° Auvents en charpente, *le mètre courant* . . . . . . » 60

27° Auvents en menuiserie, *le mètre courant* . . . . . . » 50

28° Enseignes saillantes, sans qu'il y ait lieu d'exiger plus d'un droit pour le même établissement. . . . . 2 »

29° Bouchons de cabarets. 1 50

30° Bornes placées au-devant des maisons ou murs, *pour chaque borne*. . . . . 1 »

31° Marches et seuils en saillie sur la voie publique, d'un mètre et au-dessous de longueur. . . . . 2 »

Idem au-dessus d'un mètre, *le mètre courant*. . . . . . 2 »

(La longueur sera mesurée sur chaque étage de marches).

32° Evier versant les eaux sur la voie publique. . . . . . 3 »

33° Tuyaux de descente des eaux ménagères . . . . . . 2 »

34° Tuyaux de poêle en saillie. . . . . 2 »

35° Moulinets et poulies fixes ou mobiles . . . . 1 »

Délibéré en Conseil municipal, lesdits jour et an.

Signé au registre : Chartier-Rousseau, Maunoury, Barrier, Levassor, Coubré, Joliet, Nancy, Leviez-Huet, Raimbert-Petit, Duchesne-Mirey, Thibault, Moline, A. Texier, Maugars, Mauzaize, Lefebvre-Jourdan, Isambert, Du Temple, Le Tellier, Durand et Chasles.

Pour extrait certifié conforme :

Pour le Maire de Chartres,

Signé DURAND, adjoint.

Le présent Tarif a été vu et approuvé en Conseil d'État dans sa séance du 28 mai 1834.

Le Maître des requêtes secrétaire-général du Conseil d'État,

Signé HOCHET.

Vu pour être annexé à l'ordonnance royale du 8 juin 1834, enregistrée sous le numéro 3,228.

Le Ministre secrétaire d'État au département de l'Intérieur,

Signé A. THIERS.

Pour ampliation :

Le Maître des requêtes secrétaire-général,

Signé EDMOND BLANC.

Pour copie conforme :

Le Conseiller secrétaire-général de la Préfecture d'Eure-et-Loir,

Signé AD. MÉLIOT.

RÈGLEMENT.

Du Registre des délibérations du Conseil municipal de la commune de Chartres a été extrait ce qui suit :

Séance du 20 décembre 1833.

Le Conseil municipal,

Vu sa délibération de ce jour, contenant tarif des droits de petite voirie,

ARRÊTE le Règlement suivant pour la détermination des saillies qui pourront être autorisées.

ART. 1er.

Il ne pourra être établi aucun objet en saillie sur la voie publique, sans en avoir obtenu la permission du Maire.

L'espèce, le nombre et les dimensions des objets à établir devront être indiqués dans les demandes.

ART. 2.

Le Maire ne pourra, dans aucun cas, permettre, à l'avenir, d'établir en saillie sur la voie publique des perrons, embattoirs, cheminées, ni cuvettes pour recevoir les eaux ménagères.

ART. 3.

Les perrons en saillie actuellement existants seront supprimés, autant que faire se pourra, lorsqu'ils auront besoin de réparations; cependant il est permis d'y faire exécuter des reprises d'enduits.

ART. 4.

Les fosses à embattre les roues actuellement existantes devront être supprimées, lorsqu'elles auront besoin d'être réparées, et au plus tard dans le courant de l'année 1843.

ART. 5.

Les tuyaux de cheminées actuellement existants en saillie sur la voie publique seront démolis et supprimés, lorsqu'ils seront en mauvais état, ou que l'on fera de grosses réparations dans les bâtiments auxquels ils sont adossés; en cas de péril, ils seront supprimés immédiatement.

ART. 6.

Dans les maisons actuellement existantes, les cuvettes destinées à recevoir les eaux ménagères, et placées en saillie, seront supprimées, lorsqu'elles auront besoin de réparations, s'il est reconnu qu'elles peuvent être établies à l'intérieur.

Dans le cas contraire, elles seront garnies de hausses, et disposées de manière à prévenir le déversement des eaux et toute éclaboussure.

ART. 7.

DIMENSIONS DES SAILLIES.

Les saillies qui seront autorisées par le Maire ne pourront excéder les dimensions suivantes :

1° *Saillies passibles d'un droit de voirie.*

1° Châssis dormants ou mobiles, dans les rues d'une largeur d'au moins cinq mètres . . . . 0 m. 16 c.

Dans les rues de moindre largeur 0   12

2° Appuis de boutique ou fenêtre. 0   16

3° Devantures de boutique dans les rues de cinq mètres et plus de largeur 0   16

Dans les rues de moindre largeur. 0   12

4° Barreaux et grilles. 0   16

5° Colonnes et pilastres. 0   16

6° Grands balcons 0   65

7° Petits balcons. 0   22

8° Entablements ou corniches supérieurs 0   45

9° Corniches autres que celles de l'étage supérieur, en bois ou en plâtre 0   35

10° Auvents dans les rues larges de cinq mètres. 0   50

Dans les rues de moindre largeur. 0   40

11° Enseignes dans les rues de cinq mètres et plus de largeur. 0   16

Dans les rues de moindre largeur. 0   12

12° Bouchons de marchands de vin. 0   80

13° Bornes et marches dans les rues de cinq mètres de largeur et au-dessus 0   42

Dans les rues de moindre largeur. 0   38

14° Une seule marche d'entrée. 0   30

15° Socles. 0   22

16° Eviers. 0   16

17° Tuyaux de descente des eaux ménagères 0   16

18° Tuyaux de poêle. 0   16

19° Moulinets et poulies 0   50

2° *Saillies pour lesquelles il ne sera perçu aucun droit de voirie.*

1° Étalages de marchandises dans les rues d'une largeur de cinq mètres . . . . 0 m. 40 c.

Dans les rues de moindre largeur 0   32

2° Bannes. 1   50

3° Perches et étendoirs. 0   80

4° Tuyaux de descente des eaux pluviales. 0   16

5° Gouttières en dehors de l'entablement 0   16

Art. 8.

Les permissions d'établir de grands balcons ne seront accordées que dans les rues de six mètres de largeur et plus, et après une enquête *de commodo et incommodo*.

S'il ne survient point d'opposition sur l'enquête, les permissions seront accordées ; en cas d'opposition, il sera statué par le Conseil municipal.

Les balcons grands et petits devront être à trois mètres trente centimètres au moins au-dessus du sol ou trottoir de la rue.

Art. 9.

Il ne pourra être construit d'auvents en plâtre seulement; mais ils devront être faits en menuiserie ou charpente, et pourront être revêtus d'enduits en plâtre.

Les auvents seront placés à trois mètres trente centimètres au moins au-dessus du sol.

Art. 10.

Il pourra être placé sous les auvents des tableaux ou plafonds en bois ou plâtre, lesquels seront plaqués sur les murs.

S'il n'y a pas d'auvents, les tableaux pourront être inclinés de vingt centimètres au plus, et seront alors considérés et imposés comme enseignes saillantes.

Art. 11.

Les perches qui soutiendront les bouchons que les cabaretiers et marchands de vin seraient autorisés à placer devant leurs maisons, ne devront pas avoir plus de quatre-vingts centimètres de longueur, et être à une hauteur moindre de trois mètres quatre-vingt-dix centimètres.

Art. 12.

La saillie des bornes ne devra jamais gêner le passage des voitures; il n'en sera point établi sur les trottoirs, ni dans les petites rues et impasses; la dimension des saillies sera déterminée d'après les localités.

Art. 13.

Il sera accordé des autorisations d'établir des seuils et marches, lorsque les localités le permettront, et seulement dans les rues non bordées de trottoirs.

Art. 14.

Les éviers pour l'écoulement des eaux ménagères ne seront permis que sous la condition expresse que les tuyaux de conduite seront appuyés sur le mur; que leur orifice extérieur ne s'élèvera pas à plus d'un décimètre au-dessus du pavé de la rue, et que, dans les rues bordées de trottoirs, ces tuyaux passeront sous le trottoir, et seront recouverts d'une plaque de fonte.

Art. 15.

Dans l'année de la publication du présent arrêté, les tuyaux de poële, cretés et autres, qui débouchent actuellement sur la voie publique, seront ou supprimés ou élevés jusqu'à l'entablement, avec les précautions nécessaires pour assurer leur solidité au moyen de colliers de fer, et empêcher l'eau rousse de tomber sur les passants. Ces tuyaux ne pourront être en terre cuite ni en grès.

Ces conditions seront prescrites dorénavant à ceux qui obtiendront l'autorisation de faire déboucher des tuyaux de poële sur la voie publique.

Art. 16.

Les bannes devront être posées à deux mètres et demi au moins au-dessus du sol, dans sa partie la plus basse, de manière à ne pas gêner la circulation; elles ne pourront avoir de joues.

Les bannes devront être en toile ou coutil, et ne pourront, dans aucun cas, être établies sur châssis.

Dans l'année de la mise à exécution du présent arrêté, toutes bannes qui ne seront pas conformes aux conditions exigées ci-dessus, seront changées, réduites ou supprimées.

Les bannes ne seront mises en place qu'au moment où le soleil donnera sur les boutiques qu'elles sont destinées à abriter; elles seront ôtées aussitôt que les boutiques ne seront plus exposées aux rayons du soleil.

Art. 17.

Les perches et étendoirs des blanchisseuses, teinturiers-dégraisseurs, fabricants de chandelle, etc., ne pourront être établis que dans les rues peu fréquentées, et après une enquête *de commodo et incommodo*, sur laquelle il sera statué comme il a été dit en l'article 8.

Art. 18 et dernier.

Les gouttières devront verser leurs eaux dans des tuyaux de descente qui les conduiront jusqu'à la rue, et dont l'extrémité ne sera pas à plus d'un décimètre du sol de la rue. Dans les rues bordées de trottoirs, les tuyaux passeront sous le trottoir, et seront recouverts d'une plaque de fonte.

Délibéré en Conseil municipal, lesdits jour et an.

Signé au registre : CHARTIER-ROUSSEAU, MAUNOURY, BARRIER, LEVASSOR, COUBRÉ, JOLIET, NANCY, LEVIEZ-HUET, RAIMBERT-PETIT, DUCHESNE-MIREY, THIBAULT, MOLINE, A. TEXIER, MAUGARS, MAUZAIZE, LEFEBVRE-JOURDAN, ISAMBERT, DU TEMPLE, LE TELLIER, DURAND et CHASLES.

Pour extrait certifié conforme :

Le Maire de Chartres,

Signé AD. CHASLES.

Vu et approuvé par nous Préfet d'Eure-et-Loir.
Chartres, le 5 juillet 1834.

Signé P. P. POMPEI.

Nous Maire de Chartres,

Vu la délibération du Conseil municipal de ladite ville, du 20 décembre 1833, contenant tarif des droits de petite voirie au profit de la commune de Chartres, et règlement pour la détermination des saillies qui peuvent être autorisées;

Vu l'ordonnance du roi du 8 juin 1834, autorisant l'administration municipale de Chartres à percevoir ces droits conformément audit tarif, approuvé et annexé à ladite ordonnance;

Vu ledit règlement des saillies, approuvé par M. le Préfet d'Eure-et-Loir, le 5 juillet 1834,

AVONS ARRÊTÉ ce qui suit :

Art. 1er.

Le Tarif des droits de voirie et le Règlement relatif aux saillies, précités, recevront leur exécution dans toute l'étendue de la commune de Chartres à partir du 1er août 1834.

Art. 2.

Ladite ordonnance du roi, lesdits Tarif et Règlement, ainsi que le présent arrêté, seront imprimés, publiés et affichés, à ce que personne n'en ignore.

A Chartres, en Mairie, le 7 juillet 1834.

CHASLES.

de métrer et de vérifier tous les ouvrages en bâtiments, par M. Ledossu, architecte.
— *Première partie*. Terrasse et maçonnerie, 1 vol. 2 fr. 50
— *Deuxième partie*. Menuiserie, peinture, tenture, vitrerie, dorure, charpente, serrurerie, couverture, plomberie, marbrerie, carrelage, pavage, poêlerie, etc. 1 vol. 2 fr. 50

MANUEL-TARIF MÉTRIQUE pour la conversion et la réduction des bois, d'après le système métrique, par M. Lombard. 1 v. 2 fr. 50

MANUEL DU PEINTRE EN BATIMENTS, Vitrier, Doreur, Argenteur et Vernisseur, par MM. Riffault, Vergnaud et Toussaint. 1 vol. orné de figures. 5 fr.

MANUEL DU POÊLIER-FUMISTE, indiquant les moyens d'empêcher les cheminées de fumer, de chauffer économiquement et d'aérer les habitations, les ateliers, etc., par MM. Ardenni et de Fontenelle. 1 vol. 5 fr. 50

MANUEL DU SERRURIER, ou Traité complet et simplifié de cet Art, par MM. B. et G., serruriers, et Toussaint, architecte. 1 vol. orné de planches. 5 fr.

MANUEL DU TAPISSIER, Décorateur et marchand de Meubles, par M. Garnier Audiger, ancien vérificateur du Garde-Meuble de la Couronne. 1 vol. orné de figures. 2 fr. 50

MANUEL DU TERRASSIER, par MM. Étienne et Masson. 1 vol. orné de 20 planch.. 3 fr. 50

MANUEL DU TREILLAGEUR ET MENUISIER DES JARDINS, par M. Désormeaux. 1 vol. avec planches. 5 fr.

MANUEL DU TRAVAIL DES MÉTAUX, *fer et acier manufacturés*, par M. Vergnaud. 2 vol. 6 fr.

MANUEL DU TOURNEUR, ou Traité complet et simplifié de cet art, d'après les renseignements de plusieurs Tourneurs de la capitale, par M. De Valicourt. 2 vol. avec pl. 6 fr.
— Supplément à cet ouvrage (tome 3e), un joli volume avec Atlas. 3 fr. 50

MANUEL DES PROPRIÉTAIRES et des Usufruitiers, Usagers, Locataires et Fermiers ou Dictionnaire encyclopédique des lois rurales de la France avec ce qui a rapport à la voirie, aux usines, aux bois et forêts, aux fleuves, rivières et étangs, aux mines et carrières, à la chasse et à la pêche, à la police municipale, etc., accompagné de formules de baux à ferme et à loyer, etc.; ouvrage au moyen duquel tout propriétaire ou possesseur peut connaître, exercer et défendre ses droits sans le secours d'un guide étranger; par Marc Deffaux, juge-de-paix. 1 fort volume de 712 pages. 6 fr.

MENUISERIE DESCRIPTIVE. Nouveau vignole des menuisiers, ouvrage théorique et pratique, utile aux ouvriers, maîtres et entrepreneurs, par A.-G. Coulon, ancien menuisier, professeur de dessin linéaire et de trait, deuxième édition revue et corrigée. 1 vol. in-4° et un atlas de 84 planches. 20 fr.

NOUVEAU MANUEL DU MENUISIER, pour tracer et construire les escaliers, par Hubert, menuisier, constructeur d'escaliers au Mans. 1 vol. in-f°, orné de 20 planches. 10 fr.

NOUVEAUX TARIFS ou traité complet de la réduction des bois de charpente équarris, bois en grume et bois de sciage, selon le système métrique; par L.-P.-S. Bonneau, ancien juré-compteur. Ouvrage indispensable aux marchands de bois, propriétaires, entrepreneurs de bâtiments, charpentiers, etc. 1 vol. in-12. 5 fr.

NOUVEAUX TARIFS DES BOIS EN GRUMES, CARRÉS ET MÉPLATS, *selon les anciennes et nouvelles mesures*, méthode facile pour réduire en pièces et en décimètres toute espèce de bois; depuis 1 pied de longueur ou 0 m. 32 cent., jusqu'à 50 pieds ou 16 m. 24 cent.; ouvrage indispensable à tous ceux qui vendent et achètent du bois, tels que marchands charrons, charpentiers et autres; *nouvelle édition*, augmentée de tables donnant la conversion exacte en mesures métriques de chaque résultat donné par la table des anciens tarifs, suivies d'un tableau du prix de la pièce comparé à celui du décistère, par Coquet et Cordoin, *vérificateurs du commerce de bois*. 1 vol. in-8°. 5 fr.

RÈGLES DES CINQ ORDRES D'ARCHITECTURE, par de Lacardette, avec le traité des ombres; gros vol. in-4°. 9 fr.

TARIF DU POIDS DES FERS CARRÉS, MÉPLATS ET RONDS; suivi du calcul fait du poids des tuyaux en fonte, en plomb et en cuivre, des métaux laminés en feuille, des fils de fer, etc., etc., du poids approximatif des plaques en fonte, fourneaux et poissonnières avec leurs grils, etc.; par Émile Leblanc, architecte. 1 vol. in-12. 2 fr. 50

TOISAGE DES BOIS et celui des bâtiments, tant en dehors qu'en dedans; nouvelle édition augmentée d'un grand nombre de tableaux comparatifs des anciennes et des nouvelles mesures, obligatoires depuis le 1er janvier 1840, et contenant la loi du 4 juillet 1837, par M. Rivière, 1 vol. in-12. 2 fr. 50

TRAITÉ DE L'ART DE LA CHARPENTERIE, par A.-R. Emy, colonel du génie. 2 forts volumes in-4°; accompagnés d'un magnifique atlas in-folio de 158 planches gravées avec le plus grand soin. 92 fr.

TRAITÉ DES PREMIERS ÉLÉMENTS D'ARCHITECTURE, à l'usage des ouvriers en bâtiment et de ceux qui se destinent à l'art de construire, par M. Desmont, in-4°, orné de 48 planches. 5 fr.

VIGNOLE DES OUVRIERS (Le), ou *Méthode facile pour tracer les cinq Ordres d'architecture*, donner les proportions convenables aux portes, croisées et arcades de différents genres, etc. A la suite des Ordres sont gravés plusieurs projets de maisons, coupes et façades, etc.; 34 planches, in-4°, précédées d'un texte explicatif, par Normand. 10 fr.

VIGNOLE DES OUVRIERS (Le), *seconde partie*. Cet ouvrage contient un précis du relevé des terrains et de celui des plans de maisons, suivi de tous les détails relatifs à la construction des bâtiments, tels que la taille des pierres, la maçonnerie; la charpente, la menuiserie, la serrurerie, la marbrerie, le carrelage et le treillage; 36 planches; in-4°, avec texte, par le même. 12 fr.

VIGNOLE DES OUVRIERS (Le), *troisième partie*. Cette partie contient les plans, coupes, élévations de vingt-quatre projets de Maisons d'habitations particulières et de Maisons à loyer; les détails, sur une plus grande échelle, pour les Entablements et simples Corniches, et quelques motifs de décorations intérieures. Ces projets sont composés, les uns sur des terrains réguliers, isolés, ou entre murs mitoyens; etc. 50 planches, format in-4°, et texte explicatif pour chaque planche, par le même.   12 fr.

VIGNOLE DES OUVRIERS (Le), *quatrième partie*. Cette partie est spécialement consacrée aux escaliers. Elle traite de leur construction en charpente et en menuiserie; elle présente les plans, les élévations, les coupes de plus de trente escaliers différents de for-

mes, tels que les escaliers carrés, oblongs, à bases triangulaires, circulaires simples, de grandes et petites dimensions, circulaires à doubles rampes, en fer à cheval, ovales à rampes opposées, etc., leurs différentes coupes et développements particuliers, leurs épures ou étalons, etc., précédés du texte et de détails pour les diverses sortes de constructions des emmarchements. 30 planches et texte, par le même.   10 fr.

Traité Théorique et Pratique
DE L'ART DE BATIR,
DE JEAN RONDELET,
Architecte du Gouvernement, Membre de l'Institut.

L'ouvrage le plus complet qui ait encore paru sur l'architecture, considérée dans sa partie scientifique et matérielle, est, sans contredit, le *Traité théorique et pratique de l'art de bâtir*, par Rondelet. A son apparition, il reçut l'accueil qui appartient à toute œuvre d'un mérite éminent, et depuis il fut recherché avec empressement par tous ceux qui s'occupent d'architecture. C'est le témoignage le plus incontestable de son mérite et de son utilité. Il est en effet le véritable guide, le guide indispensable du constructeur.

LA PREMIÈRE PARTIE CONTIENT :

1° LA CONNAISSANCE DES MATÉRIAUX. — *Des pierres*. Balsates antiques et modernes. Porphires. Granites. Marbres d'Italie, de France, des Pays-Bas, de Flandre, d'Espagne, d'Allemagne. Pierres de taille de différents pays. — *Des pierres artificielles*. Briques crues. Constructions en pisé. Briques cuites. — *Des mortiers*. Pierres à chaux de différents pays. Sables de différentes espèces. Pouzzolanes et ciments. Mortiers antiques et modernes. — *Du plâtre*. Gypses de différentes qualités. — *Du bois*. Nature, force et qualités des divers arbres d'Europe, d'Asie, d'Afrique, d'Amérique. — *Du fer*. Différence des qualités de fer; des fers de Suède, etc.

2° DE LA FORCE DES MATÉRIAUX. Pesanteur spécifique des *Pierres*, leur résistance et force comparative. Force d'union, d'adhérence et de résistance du *Mortier* et du *Plâtre;* qualité, force et propriétés des *Bois de charpente; idem* des *Fers*. Effets du froid et de la chaleur sur les métaux et autres matières.

LA DEUXIÈME PARTIE CONTIENT :

CONSTRUCTION EN PIERRES DE TAILLE. 1° De l'appareil des constructions antiques. 2° Principe de l'appareil pour les murs, piliers et massifs en pierre de taille. 3° De la pose.

STÉRÉOTOMIE. 1° Des courbes fermées, des courbes ouvertes. 2° Des projections; développement des solides à surfaces planes, des angles des plans ou surfaces qui terminent les solides. De l'appareil et construction des voûtes, plates-bandes et plafonds non appareillés ; appareils des plates-bandes et plafonds; des arcs, des portes et des voûtes en berceau, des arrière-voussures, des voûtes en berceaux qui se pénètrent, des descentes des voûtes d'arête, des voûtes en arc de cloître, des voûtes coniques et conoïdes, sphériques et sphéroïdes ; des voûtes composées. 4° Appareils des escaliers en pierre; de la vis Saint-Gilles sur plan carré ; *idem* ronde ; des escaliers à voussures et à repos; des escaliers à jour.

MAÇONNERIE. 1° Etablissement des aires ; des voies publiques et grands chemins; des aires en pavés intérieurs. 2° Des murs en moellons ; des murs en briques; des murs en massifs en maçonnerie mixte. 3° Des enduits en mortier, en plâtre; des stucs.

LA TROISIÈME PARTIE CONTIENT :

CHARPENTE. *Principes du trait de charpente.* 1° Des combles à deux pentes ; des combles pyramidaux, des rencontres ou pénétrations des combles; des combles à plusieurs épis, des combles coniques. 2° Des pans de bois, cloisons et planchers. 3° Des escaliers, des voûtes et des ponts. 4° Des combles à surfaces planes. 5° Des combles à surfaces courbes. 6° Des échafauds. 7° Des cintres. 8° Des étayements.

MENUISERIE. *De la menuiserie dormante.* 1° Des planchers et parquets. 2° Des lambris et cloisons. 3° Des revêtements des surfaces courbes. 4° Des escaliers en menuiserie. 5° Des croisées, volets, persiennes et jalousies. 6° Des portes. 7° Des chapiers et armoires. 8° Des stalles et confessionnaux. 9° Des buffets d'orgues et des chaires. 10° Des décorations d'architecture.

SERRURERIE. *Emploi du fer dans les bâtiments.* 1° Des chaînes, tirants et linteaux. 2° Des armatures d'architraves, de péristyles et de frontispices. 3° Des planchers et des voûtes en fer. 4° Des combles. 5° Des ponts. 6° Des coupoles.

4

Couvertures. 1º De la pente des combles. 2º Des couvertures en bardeaux. 3º Des couvertures en tuiles. 4º Des couvertures en ardoises. 5º Des couvertures en pierres. 6º En cuivre, en plomb ou en zinc. 7º En chaume et en roseaux.

LA QUATRIÈME PARTIE CONTIENT :

Théorie des constructions. Principes de mécanique. 1º Du parallélogramme des forces. 2º Des leviers. 3º Du centre de gravité. 4º Du plan incliné.

Mouvement des matériaux. 1º Des machines à transporter les fardeaux. 2º Des machines à élever les fardeaux.

Fondements des édifices. 1º Des fondements en mauvais terrain; 2º *idem*, sur le bon sol. 3º *idem*, sur le roc ou sur les masses de carrière; *idem*, dans l'eau.

Stabilité et force des murs et points d'appui. 1º Règles relatives à la stabilité; de la stabilité relative aux murs; de l'épaisseur à donner aux murs; de la stabilité des points d'appui; forces, etc. 2º Superficies comparées de l'aire et des constructions dans plusieurs édifices.

Murs de revêtement. 1º De la poussée des terres. 2º Des poussées des murs de revêtement.

Théorie des voûtes. 1º De la poussée des voûtes simples; arcs en plein cintre; arcs surhaussés; — surbaissés; — rampants; — extradossés de différentes manières, etc. 2º De la poussée de voûtes composées. 3º Force du plâtre et du mortier dans la construction des voûtes. 4º Des ponts en pierre.

LA CINQUIÈME PARTIE CONTIENT :

Méthode de mesurer, détailler et évaluer les ouvrages de batiment. 1º Terrasse et fouilles de terres. 2º Maçonnerie en pierres de taille, en moellons et en briques; voûtes; ouvrages en plâtre. 3º Charpente, couverture. 4º Menuiserie. 5º Serrurerie. 6º Plomberie. 7º Carrelage et pavage. 8º Marbrerie. 9º Sculpture d'ornement. 10º Peinture d'ornement et décors. 11º Vitrerie.

Formation des devis. Des différentes espèces de devis. 2º Des cahiers des charges et des attachements. 3º Exemple. 4º Règlements relatifs à la police des constructions.

Conditions de la souscription.

L'Art théorique et pratique de bâtir, de J. Rondelet, est publié en 50 livraisons, composant un ensemble de 249 feuilles de texte in-4º et de 210 planches grand in-folio.

PRIX DE CHAQUE LIVRAISON : 2 FR. 50 C.

SUPPLÉMENT

AU

TRAITÉ DE L'ART DE BATIR,

De JEAN RONDELET,

Par G. ABEL BLOUET,

Architecte du Gouvernement.

Deux vol. gr. in-4º et atlas in-folio de 105 planches. — Prix : 60 fr., ou 24 livraisons à 2 fr. 50 cent.

Depuis la publication de l'ouvrage de Rondelet, l'art de bâtir a fait de grands progrès; des expériences nombreuses, des constructions considérables, ont fourni de nouveaux éléments d'étude. Rajeunir son travail en y joignant de nouveaux exemples pour le mettre au courant de l'art actuel, était donc de toute nécessité. M. Blouet, dans le Supplément qu'il a fait au *Traité de l'art de bâtir* de Rondelet, tout en restant fidèle à l'ordre adopté par celui-ci, a classé ses exemples de manière à former une suite de principes élémentaires de construction de tous les genres, et d'une application usuelle. Il a cru devoir laisser de côté toutes les difficultés exceptionnelles dont l'application est rare.

La lacune existant dans l'ouvrage de Rondelet pour la construction des chemins de fer a été remplie dans le Supplément. L'industrie du fer, qui depuis lors a pris un développement si considérable, a été longuement expliquée; enfin toutes les autres branches de l'art, dans lesquelles il s'est trouvé quelque nouvelle pratique à faire connaître, ont été traitées, et toujours accompagnées d'exemples déjà mis à exécution, et qui ont subi l'épreuve du temps.

Conditions de la souscription.

Cet ouvrage est publié en 24 livraisons. — 12 livraisons de texte, 12 livraisons de planches. — Chaque livraison de texte se compose de 5 à 6 feuilles. — Chaque livraison de planches contient 8 à 9 planches.

PRIX DE LA LIVRAISON : 2 FR. 50 C.

On souscrit à ces deux ouvrages :

A Paris, à la librairie de *Firmin Didot* frères, rue Jacob, 56.

A Chartres, chez *Garnier*, imprimeur-libraire, correspondant des éditeurs.

Chartres. Imprimerie de Garnier.

www.ingramcontent.com/pod-product-compliance
Ingram Content Group UK Ltd.
Pitfield, Milton Keynes, MK11 3LW, UK
UKHW020930120726
13693UKWH00003B/1232